기억의 창가에서

현대수필가100인선 II · 63

기억의 창가에서

신정호 수필선

수필과비평사 · 좋은수필사

■ 책머리에

　수필은 누구나 부담 없이 읽고, 마음만 먹으면 직접 쓸 수도 있는 가장 친근한 문학이다. 다른 영역의 문학이 영상매체에 밀려 신음하고 있는 중에도 수필 인구만은 날로 증가하여 바야흐로 수필 전성시대를 구가하고 있는 이유도 거기에 있을 것이다.
　시대적 추세에 힘입어 수많은 수필전문지, 수필동인지가 창간되고, 이에 비례하여 신진 수필가도 날로 늘어나다 보니 이제는 그 많은 작가, 그 많은 작품 중에서 문학성 높은 작품을 가려 읽는 일이 쉽지 않게 되었다. 이런 현상은 작가에게나 독자에게나 결코 바람직한 일이 아니다. 더 나아가서는 수필을 연구하는 후세들에게도 큰 부담이 될 것이다.
　이런 문제를 해결하는 데는 출판인도 마땅히 한몫을 감당해야 한다는 평소의 소신에 따라, 본사가 기꺼이 그 역할을 맡기로 했다. 그 첫 번째 사업으로 시대를 대표할 만한 수필가 100인을 선정하고, 작가가 자선한 40편 내외의 작품을 수록한 문고본을 발간하여 이를 널리 보급함으로써 그 소임을 다하고자 한다.
　본사는 사명감을 가지고 이 사업을 추진해 나가기로 했다. 작가 선정을 전담할 편집위원회를 구성하고 전권을 위임하여 일체의 사적인 정실이나 청탁을 배제함으로써 전문성과 공정성을 확보해 나갈 것이다.
　따라서 이 기획물 속에는 작가의 문학정신뿐만 아니라, 본사의 문학사적 기여 의지와 편집위원 제위의 수필문학에 대한 애정과 문인으로서의 양심이 함께 담겨 있음을 자부한다. 다만, 작가를 선정하는 기준에는 많은 견해의 차이가 있을 수 있고, 선정 과정에서도 미처 챙기지 못한 부분이 있을 것이라는 사실만은 인정하지 않을 수 없다. 이 점에 대해서는 관계자 여러분의 양해 있으시기 바란다.

이 시리즈의 발간 순서는 작가, 또는 본사의 사정에 의한 것일 뿐 그 밖의 어떤 기준도 적용하지 않았음을 밝힌다.

본 기획물이 시대를 초월한 많은 수필 애호가들의 관심과 애정 속에 우리나라 수필문학 발전에 한 이정표가 되기를 바랄 뿐이다.

본사에서는 이상과 같은 취지로 『현대수필가 100인선』 전 100권을 완간하여 큰 반향을 불러일으킨 바 있다.

그러나 우리 수필문단의 규모나 수필문학의 수준에 비추어 선정 작가를 100인으로 한정하는 것은 형평성이나 효율성 면에서 크게 부족하다는 의견이 많았고, 본사 또한 이를 통감하던 터라 기꺼이 『현대수필가 100인선 Ⅱ』를 발간하기로 했다.

본사의 충정에 찬동하여 출판에 응해주신 저자 여러분에게 감사한다.

2014년 9월

수필과비평 · 좋은수필 발행인 서정환
현대수필가 100인선 간행 편집위원 박재식 최병호
정진권 강호형
오세윤

차례

1_부 인생을 태엽에 감다

인생을 태엽에 감다 • 12
뿌리를 찾는 사람들 • 16
어머니와 허수아비 • 20
습작노트 • 24
어느 가족 이야기 • 28
어화둥둥 내 사랑아 1 • 32
내 남편은요 • 36
김치를 담그다 • 39

2_부 생각 위에 서다

그리움을 수놓다 • 46
꽃은 별이어라 • 50
삶의 흔적을 지우는 남자 • 52
여행을 추억하다 • 56
조율은 타협하기 • 61
생각 위에 서다 • 65
카페 아저씨 • 69
추억을 마주하다 • 74

3_부 꽃 같은 나이

아이구, 내 새끼… • 80
꽃 같은 나이 • 84
워낭 소리를 따라서 • 88
어화둥둥 내 사랑아 Ⅱ • 92
겨울 여행 • 96
고향길 • 100
투정부리고 싶은 날 • 105
산다는 것은 • 109

4_부 어느 날의 메모

다롱이 할머니 • 114
어머니의 나무 • 119
아내여 • 123
욥을 만나다 • 127
기억의 창가에서 • 131
아들에게 띄우는 편지 • 135
무재칠시無財七施 • 141
어느 날의 메모 • 146

5_부 그립다 말을 할까

삶의 현장에서 • 150
노벨문학상 수상을 보면서 • 154
사랑의 향기 • 158
세월의 모퉁이를 돌아 • 162
한 그루의 나무 • 166
그립다 말을 할까 • 170
감사의 날들 • 175
AI의 위력 • 179

◼ 작가연보 • 183

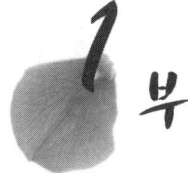 1부

인생을 태엽에 감다
뿌리를 찾는 사람들
어머니와 허수아비
습작노트
어느 가족 이야기
어화둥둥 내 사랑아 1
내 남편은요
김치를 담그다

인생을 태엽에 감다

 매일 아침 눈을 뜨면 나는 맨 먼저 내 갈색 시계의 태엽을 감는 것으로 하루를 시작한다.
 사십 년 전 결혼 예물로 받았던 이 시계는 당시 명품이었지만 하루 한 번 태엽을 감아야(흔히 우리는 밥을 준다고 했다.) 작동하는 시계였다. 하루라도 잊어버리면 시계는 멈춰 있었고, 풀린 태엽을 꽉 조여질 때까지 감아주면 다시 째깍거렸다. 결혼과 함께 늘 나와 시간을 같이해 오다 어느 날부터인가 새로운 디자인으로 예쁘고, 싸고, 무엇보다 매일 태엽을 감지 않아도 되는 시계들이 내 팔목에 채워지면서 그 시계는 수년을 까마득히 잊고 지냈다. 그러다 얼마 전 서랍 정리를 하던 중, 맨 안쪽에 들어있는 것이 눈에 들어왔다. 문득 젊은 날의 내가, 그리고 신혼시절이 태엽이 풀리듯 펼쳐져 보였다.

결혼식을 마치고 신혼여행을 떠날 무렵 눈발이 날렸다. 결혼식 날 첫눈이 내리면 잘산다고 누군가 옆에서 들뜬 기분을 한껏 북돋아주었다. 그렇게 출발한 나의 결혼 생활은 별로 막힘없고 모자람 없는 생활이었다. 그런데 통금이 있던 그 시절, 남편은 걸핏하면 통금시간이 다되어 허둥지둥 들어올 때가 많았다. 늦게까지 기다리다 보면 걱정이 되다가도 막상 문을 열고 들어오는 얼굴을 보면, 순간 나도 모르게 날카로운 한마디를 내쏟았다. 그날도 그랬다. 아슬아슬한 시간에 술이 취해 들어온 남편을 향해 차갑게 쏴붙이고 이불을 뒤집어쓰고 가만히 있었다. 남편은 도리어 화를 내며 다시 집을 나가겠다고 했다. 난 야멸치게 그러라며 이불로 얼굴을 가린 채 그의 행동을 가늠하고 있었다. 부스럭거리며 옷 입는 소리가 들려오고 이제 곧 문을 열고 나가려니 생각되자, 얼른 말려야 하나, 그냥 모른 척 해야 하나 갈등이 일었다. 잠시 정적이 흘렀다. 갑자기 내 얼굴 위에 덮인 이불이 확 젖혀지며 남편이 소리쳤다.

"나, 안 붙잡아?" 지금 생각해 보면 우습기도 하고 한편으론 그립고 정겨운 순간이었다.

나는 멈춰버린 시계를 한참 들여다보았다. 너무 오래된 시계라 그냥 기념품 정도로 보관해 놓을지, 고쳐서 다시 사용할 것인지 망설이다가 시계방으로 갔다. 시계방 주인은 좋은 시계이니 조금만 손보면 쓸 수 있다고 수리를 하라고 했다. 그러면서 수리비가 삼십만 원이란다. 웬만한 시계를 새로 살 수 있는 값이었지만 내 추억이 감겨 있고 결혼예물이기도 해서 시계를 맡기고 보관증을 달라고 했더니 도리어 선금을 내라고 했다.

"아니, 그 시계는 고급 시계잖아요?"

"하지만 이젠 삼십만 원 주고 누가 안 사요." 한다.

고급시계지만 누구도 안 산다는 아이러니가 나를 어처구니 없게 만들었다. 그러나 어쩔 것인가? 주인은 사십 년이 된 시계라서 삼십만 원 가치도 없다고 했지만 내겐 소중한 시계인 것을. 무엇보다 그 시계를 차고 다녔던 시절, 하루하루가 즐겁기만 했던 시간이 그리웠다.

서랍 깊숙한 곳에서 찾은 시계를 맡기고 돌아오는 길엔 잊고 살았던 시간들이 떠오르며 지난 내 삶의 자취들이 뾰족뾰족 아프게 찔렀다. 풍족함과 걱정 없던 삶 속에서 너무 세속적인 판단에 가치를 두고, 항상 복된 생활을 누리리라 생각하며 안일하게 살아왔던 모습이 거울을 보듯 보였다.

신神의 시샘이었을까. 갑자기 불어 닥친 남편의 사업 실패는 잔잔했던 내 인생을 흔들어 놓았다. 광풍이 몰아쳐 왔다. 어렵사리 하루하루를 지탱해오면서 나는 마음속에 기쁨과 감사 대신 원망과 서운함을 키우고 살았다. 어려움 속에서 내가 버틸 수 있었던 것에 대한 감사는 생각조차 하지 않았고, 한때는 한 줄의 글을 쓸 수 있다는 것도 내겐 사치라고 생각되어 간간이 쓰던 글쓰기도 멈추었다. 주변을 정리하면서 법이 있어도 보호 받지 못하여 억울하고 화가 나서 신문고라도 울리고 싶은 적도 많았다.

내 주위에서 맴돌던 친지들이 나의 어려움 앞에서 냉정하게 뒤돌아서 가는 모습을 보면서 어쩌면 당연한 세상의 이치라고 생각하기엔 서글픔이 앞섰다. 그래도 내 곁에 남아 나를 위로하고 힘이 되어준 소중한 친구들과 가족이 있어 곤두박질하던 삶이 제자리를 찾아갔다.

언젠가 친한 선배와 차를 마시며 이야기를 나누는데, 우리 나이쯤 되면 이젠 쓰레기를 분리 배출하듯 마음의 쓰레기를 분리하여 버려야 할 것을 버려야 한다고 말했다. 정말 내 마음속을 분리 배출해 봐야 할 것 같았다. 어떻게 분리해야 할까? 미움, 질투, 오만, 불평, 원망 등은 꽁꽁 묶어 쓰레기통에 버리고 사랑과 겸손, 배려, 봉사, 기쁨과 희망 등은 잘 간직해 놓아야겠지.

며칠 후 시계를 찾았다. 새로 바뀐 갈색 줄에 동그란 자판속의 시침과 분침이 조금씩 움직이고 있었다. 귀에 시계를 갖다 대니 소곤거리듯 째깍째깍 소리가 들린다. '네 삶에 감사하며 미래를 향해 돌진하라.'고.

나는 오늘도 내 작은 갈색 시계의 태엽을 감으며 내 삶을 어떻게 보람 있고 기쁜 시간으로 감아볼까 생각한다.

뿌리를 찾는 사람들

몇 년 전 입양인 국제행사가 서울에서 열렸다. 여기에 참석했던 한국인 입양인이 친생부모를 수소문한 끝에 찾게 되었다. 유럽으로 입양되었던 어린 딸은 잘 자라서 결혼을 하고 두 아들까지 낳아 네 식구가 모두 서울로 와서 친생부모를 만났다.

남자와 여자는 어린 시절 시골 마을 집성촌에서 자랐다. 멀게는 친척도 되었을 사이인지라 오가는 길에 자연스레 어울리고 시간이 흐르면서 좋아하게 되었다. 여자가 먼저 서울로 대학을 갔고 다음 해 남자도 서울로 진학했다. 주변의 부담스러운 눈길에서 벗어난 두 사람은 복잡한 미래의 생각은 접어두고 사랑을 갈구하는 젊은이들이었다. 임신까지 하게 된 여자는 갈등이 있었지만 아이를 낳아 기르기로 결심하고 고향과는 멀리 떨어진 시골로 들어가 딸을 낳았다. 이 사실을 알게 된 남자의 가족들이 찾아와 여자를 설득했다. 두 사람은 동성동본이라서 결혼도 할 수 없고 남자는 바로 군대도 가야 하니 혼자서 키우지 말고 입양을 보내라고 종용했다. 남자는 동성동본의 결혼은 민법으로 금지되는 것을 알면서도 이 상황까지 왔고, 여자에게 어떤 힘도 되어줄 수 없어 절망했다. 여자는 어린 나이에 맞닥뜨린 감당하기 힘든 상황이어서 결국 입양을 결정하고 입양기관에 두 사람의 기록을 자세히 남겼다. 아이를 입양 보내게 된 미혼모로서 어쩔 수 없는 사정까지 밝혔다. 그렇게 남자와 여자는 헤어져 서로 다른 삶의 길을 선택했다.

남자와 여자는 소식을 모른 채 각자 가정을 꾸리고 살고 있었는데 뜻밖의 연락을 받고 한 자리에 나오게 된 것이다. 의뢰한 딸이 쉽게 친생부모를 찾을 수 있고 남자와 여자에게 연락이 될 수 있었던 것은 당시 입양기관에서 입양 기록을 자세히 써둔 덕분이었다. 남자와 여자는 오랜 세월을 뛰어넘어 인생의 황혼기가 되어 입양 보냈던 딸을 앞에 두고 만났다. 평생 그리움을 안고 살았을 남자와 여자의 애틋한 눈길이 오가는 모습이 눈에 선하고 만감이 교차하는 그 순간을 감히 상상만 해본다.

그는 부모와 딸이 만나는 자리에 통역을 부탁받고 나가서 이런 사연을 접하게 되었다고 한다. 그 무렵 그는 한국 해외 입양에 관한 논문을 준비 중이었기에 큰 관심을 가지고 참여했다. 이번 사례는 그래도 입양기관에 기록이 잘 보관되어 있어서 친생부모를 찾기가 쉬웠지만, 어떤 경우는 폐기해버렸거나 관리가 잘못되어 전혀 다른 기록으로 뒤바뀌어 엉뚱한 부모자식이 만나 실망하는 경우도 있다고 한다.

최근 한 해에 1,500명의 입양인이 부모를 찾으러 오는데 정작 10% 정도만 만남이 성사된단다. 입양인이 친생부모를 찾고 싶은 까닭은 뿌리인 자신의 나라와 친생부모가 왜 입양을 보낼 수밖에 없었는지 알고 싶어서라고 한다. 그런데도 만남의 성사율이 적은 것은 막상 만나고 난 후의 부딪칠 여파가 두렵기도 하지만, 용기를 내어 찾기 신청을 해도, 관련된 기록이 많지 않고, 있다 하더라도 입양기관에 보관되어 있는 연락처가 불확실해서라고 한다. 게다가 생부, 생모가 만나기를 거부하는 경우도 있다 하니 여러 가지 문제점이 있는 것 같다.

그는 '왜 한국의 생모들이 자신이 낳은 아이를 입양 보내야 하고, 왜 하필 해외로 가야 했는지, 한국 사회에서 해외입양을 보낸 생모는 아이를 낳아 비정하게 버렸거나 어쩔 수 없이 포기한 대부분 미혼모, 특히 10대의 어린 미혼모로 이해되어 온 상황' 등을 논문에 게재했다.

우리 사회의 한켠에 이렇게 슬픈 가족사가 있다는 것이 마음 아프다. 자식을 떼어 보낸 부모의 삶과, 만리타국에서 양부모 밑에 자라면서 뿌리를 찾고자 하는 열망, 본인의 존재 가치를 파악하고자 애썼을 입양인들의 삶이 애처롭다. 왜 이런 현실이 주어져야만 했을까. 어쩌다 우리나라는 해외 입양국 1위가 되었을까.

그는 '입양기관에 보관된 모든 기록은 가족을 찾는 입양인들에게 원본으로 넘겨져야 하고, 입양하는 가족을 자세히 파악하고 지원할 수 있는 문제, 좋은 입양 부모를 선택할 수 있는 문제, 무엇보다 아동의 인권과 행복이 보장될 수 있는 입양 내용 등이 담긴 입양특례법이 하루빨리 개정될 것을 간절히 원한다.'면서 두 손을 꼭 쥐었다.

일개 소시민인 나로선 앉아서 구경만 할 수밖에 없으니 더욱 답답하다. 세월을 훌쩍 뛰어넘어 만남이 이루어졌을 때, 어떤 마음으로 만나고 서로 무엇을 확인할까. 사랑함에도 어쩔 수 없이 보내야 했다는 사연을 들으면 굳어있던 응어리가 풀릴까. 많은 생각들이 들쭉날쭉 머릿속을 맴돈다.

그는 해외 입양인들의 마음을 살피고, 지치고 가슴 아픈 우리 주위의 여성, 어머니들의 목소리에 귀 기울이며 오늘도 바쁘게 뛰어다닌다. 그는 페미니스트이자 우리나라 남성으로는 최초 여성학 박사 1호이다.

어머니와 허수아비

  목요일 아침. 노란 은행나무가 환하게 줄지어선 길을 달리며 가을 정취 속에 빠져들었다. 어머니를 모시러 가는 길목엔 아름다운 가을이 한창이었다. 나는 북한산 밑자락에 사시는 어머님을 일주일에 두 번 모시고 다닌다. 일요일엔 교회를, 목요일엔 노인대학을 가야 하는데 혼자 다니시기엔 아흔두 살이라는 연세가 무리일 것 같아 내 스케줄도 바쁘긴 하지만 그 핑계로 어머니를 뵐 겸 작은 효도를 하기로 했다.
  오늘, 어머니는 내 차에 오르자마자 들고 오신 귤이 담긴 봉투를 뒤적이더니 참기름 한 병을 건네 주셨다. 나는 운전을 하고 있기도 했지만 손을 내밀어 받기는커녕 눈살을 찌푸리며 "우리 참기름 많아요." 하고 나도 모르는 사이에 어머니를 향해 뾰족한 말투가 튕겨져 나왔다.

어머니께서 외출하실 때면 늘 누군가를 위해 봉지, 봉지 들고 나오시는 게 나는 싫었다. 홀로 된 권사님에게 옷, 과일, 과자 등을 거의 매주 빠뜨리지 않고 전해 주시고 목요일엔 노인대학 선생님 드린다고 향수나 손수건을 가방에 넣어 오신다. 때론 내게도 뒤꼍 텃밭에 키운 푸성귀며 냉동실에 넣어 두었던 떡을 싸다 주시면 제발 빈손으로 나오시라고 화를 내기도 했지만 그럴 때마다 어머니는 "네가 나 때문에 늘 수고하니 미안해서 그런다. 가지고 가서 맛있게 해 먹어라." 하신다. 그래도 내가 퉁명스럽게 쏘아붙이면 "이다음엔 안 가져올게. 이번까지만 받아라." 하시며 웃음으로 나를 달래신다. 그러나 모시러 갈 때마다 어머니의 손엔 여전히 누군가를 위한 봉투가 들려 있곤 했다.

오늘은 참기름이 많다고, 빈손으로 나오시라고 핀잔하는 내 앞에서 어머니의 태도가 달랐다. 내 말이 끝나자마자 "그럼 그냥 다시 가져가야겠다." 하시는 게 아닌가. 나는 어머니가 노여워 그러나 싶어 "화나셨어요?" 하며 안색을 살폈다. 어머니는 고개를 가로 흔들며 말씀하시길, 마침 며칠 전에 시골에서 참기름을 여러 병 짜서 보내왔단다. 고소한 참기름을 보니 내가 당신을 데리러 오는 날 주고 싶어 한 병을 꺼내다 다른 분에게 줄 귤 봉투 속에 넣어두었다. 어머니는 바깥일이 많아 집안일을 살필 겨를이 없는 언니를 대신해 이십여 년 간 언니네 살림을 보살피며 조카들을 키워주셨다. 그런데 오랫동안 집을

어머니와 허수아비 **21**

비웠던 언니가 오늘따라 아침 일찍부터 주방이랑 창고 정리를 하다 말고 시골에서 보낸 참기름이 놓인 곳을 유심히 보더란다. 때마침 내가 어머니를 모시러 와서 벨을 누르자 쇼핑백을 들고 어찌할 바를 모른 채 말을 못하고 참기름을 들고 허둥지둥 대문 밖으로 나오셨다는 것이다.

"언니한테 말씀 못하실 게 뭐 있어요?"

"글쎄, 말 못할 게 없는데 오늘은 입이 꽉 막히더라. 얼른 제자리에 가져다 놓을란다. 괜한 도우미 아줌마만 의심 받게 되면 내 마음이 괴로워서…. 아휴, 이젠 나를 사람으로 여기지 마라. 이런 일도 그렇고, 장롱 문만 열면 빤히 보이는 목도리를 한 달 넘게 찾은 것도 그렇고."

"사람이 아니면 뭐예요?"

"허수아비."

"늙은 할머니 허수아비?"

어머니와 나는 크게 소리 내어 웃었다. 어머니의 쓰디쓴 웃음과 나의 허허로운 웃음은 애달픈 메아리가 되어 가슴 속으로 깊이 퍼졌다.

내가 자라면서 본 어머니는 그 시절의 모든 어머니들이 그랬듯이 인정 많고, 부지런하고, 검소하신 분이었다. 이웃이나 어려운 집에 쌀이며 푸성귀를 가져다주는 심부름을 나는 참 많이 했었다. 내가 여덟 살 때였던가. 호박오가리를 넣고 팥을 얹어 찰떡을 한 시루 쪘다. 김이 모락모락 나는 떡을 여러 조각으로 나누시더니 이집 저집 나눠먹자고 하셨다. 처음엔 신이 나서 뛰어 다니다보니 정작 집에 남겨진 것은 귀퉁이 조각을 자른 부스러기뿐이었다. 나는 심부름을 하다 말고 훌쩍거리며 심통을 부렸다. 어머니는 내 등을 토닥이며 "저건, 너 다 먹어라." 하며 웃으셨다.

평소에 농담으로도 거짓말을 용납하지 않으셨던 어머니. 당신이 한 약속은 어떤 경우에도 꼭 지키셨던 어머니. 재치 있는 말솜씨로 손자들 배꼽을 빼놓고, 증손자들까지 생일이면 축복의 말씀을 적어 보내시는 어머니. 가끔 나에게 당신의 이야기를 써주지 않는다고 투정을 부리는 어머니. 자손들의 앞날을 위해 항상 기도하시는 어머니.

다음에 어머니를 뵙는 날 꼭 말씀드려야겠다. "어머니, 당신은 허수아비가 아닙니다. 당신의 존재 자체가 큰 의미이며 우리 가족 모두가 사랑하고 존경하는 든든한 버팀목이랍니다." 라고.

거리엔 은행잎이 바람 따라 흩어지고 나의 가을은 참기름 내음으로 휩싸인다.

습작노트

하루하루 날짜는 가는데 도통 머릿속에서만 맴돌 뿐 시작을 할 수가 없었다. 결국엔 습작노트를 들고 미국행 비행기에 올랐다. 오래전에 계획했던 손자와의 여행인데 정신없이 지낸 탓에 들뜨고 설렐 새도 없이 출발 날짜가 되었다. 여행을 떠나기 전에 원고를 마무리하고 왔어야 할 것을 시작도 하지 못한 터라 머나먼 곳까지 와서 이 글을 쓰게 될 줄을 누가 알았으랴.

일 년 가까이 병원에 입원해 계시다 소천하신 어머니를 생각하며 마음 추스를 겨를도 없이 언니의 발병과 수술로 바쁘고 지쳐서 아무것도 신경 쓸 여력이 없어 부탁 받았던 원고 제출 기한을 넘겨버렸다. 조금 더 시간을 줄 테니 나의 수필 작법을 써보라는 전화를 받고, 차마 더 사양할 수도 없어 그러겠노라고 해 버렸다.

보통 글을 쓸 때는 어느 순간 갑자기 어떤 모티브가 떠오르면 앉은자리에서 쉽고 빠르게 글을 완성하여 컴퓨터에 저장해 놓고 7~8회 읽어 보며 첨삭을 되풀이한다. 그러나 매번 편하게, 순조롭게 써나가지는 못한다. 처음부터 끝까지 물 흐르듯 써질 때도 있지만 더러는 쓰다 막혀서 며칠을 덮어두고 간간이 생각날 때마다 이어 써 나가며 완결해 본다. 글이 완성되면 스스로 만족스러운 글이 있는가 하면, 읽어볼수록 마음에 들지 않는 경우도 있어 여러 차례 뜯어 고치기도 하고 끝내 미완성으로 남기는 글도 있다.

모티브가 되는 소재는 TV를 보다가, 책을 읽다가, 여행 중에, 또는 일상의 대화를 나누다가 얻게 된다. 머릿속에 좋은 글감이라는 생각이 들면 메모를 해 둔다. 수첩과 필기도구를 차 안이나 책상, 침대머리에 놓아두고 갑자기 좋은 생각이 떠오르면 운전 중이라도 차를 갓길에 세우고 써두거나 잠을 자려다가도 일어나 적어 놓고 본다. 요즘은 급한 대로 휴대폰에 메모를 해 두기도 한다.

제목은 글 내용을 생각하면서 잡아보는데 글 속에 나오는 문장에서 따오든지, 내용을 뭉뚱그려 주제와 연관된 제목을 붙이기도 한다. 내가 조금 더 신경 쓰는 것은 글의 첫머리와 끝부분이다. 글의 시작은 아무래도 끌어당기는 매력이 있어야 글을 계속 읽게 되리라 생각되어 결론을 암시할 수 있는 결정적인 내용을 먼저 깔아두고 독특한 이미지를 그려보려고 노력한다. 물론 노력한다고 뜻대로 되는 건 아니지만. 글의 중심은 주제, 소재와 연관된 내 마음의 소리, 느낌, 주변의 에피소드를 있는 그대로 그려 나간다. 끝부분은 대체로 자기반성이나 긍정적인 생각, 희망 메시지를 전달하는 것으로 마무리한다. 때로는 내가 표현하고자 하는 뜻을 함축한 좋은 글귀나 시를 인용하기도 한다.

 한편, 다른 작가의 글을 읽다 보면 '나는 왜 이런 발상을 먼저 하지 못했을까?' 하며 안타까울 때도 많다. 똑같은 사물이나 일상을 보고 내가 미치지 못한 부분을 그려내는 것을 보면 부럽기도 하고 스스로 박학다식하지 못함에 부끄러워지기도 한다. 음악, 미술, 과학, 사회 전반에 걸친 다양한 소재들이 글감이 되어 내가 염두에 두지 못했던 생각들로 쓰이거나, 철학적이고 창의적인 새로운 수법으로 쓰인 글들이 그렇다. 요즘은 많은 수필가들이 다양한 장르의 글들을 발표하고 있는데 정말 참다운 수필이 무엇인지 정의 내리기는 쉽지 않다. 중고교 시절 수필은 "붓 가는 대로 쓰는 글", "무형식의 형식" 또는 "자기고백의 문학"이라고 배웠다. 붓 가는 대로, 내 마음 가는 대로 쓸 수는 있겠지만 근래 실험수필이 시도되면서 아포리즘 수필이나 시와 산문을 오가는 운율을 선보이는 등 형식이나 내용에서 새로운 면을 보여주고 있어 내 글의 방향을 어찌 잡아야 할지 모르겠다. 독자에 따라서 혹자는 심오한 글을, 혹자는 가볍게 읽을 수 있는 신변잡기를 좋아하는 것으로 나뉠 수 있다고 본다. 어쨌거나 글은 각자의 개성이 나타나는 것이니 내 그릇에 만족하며 나만의 색깔이 있으리라 자부해보기도 하지만 썩 자신이 있는 것은 아니다. 다만 내 글을 읽고 누군가 공감하며 감동도 하고 입가에 씨익 웃음을 날리기를 기대해 본다.

몇 년 전, 오사카를 함께 여행할 때 어려서인지 고분고분하게 내 말을 들으며 따라다니던 손자가, 이번엔 호텔로 돌아와서도 늦게까지 글쓰기에 매달려 있는 나에게 '일찍 주무셔야 내일 여행이 힘들지 않다'며 제법 의젓하게 보호자인 듯 잔소리를 한다. 세월이 흐르면서 손자와 나의 역할이 바뀌어 가나 보다.

오늘도 넓은 벌판이 온통 포도밭인 존 스타인벡의 고향 살리나스를 지나가고, 예술인 마을 소살리토를 거닐면서도 머릿속으론 어떤 글감으로 채울까 궁리해 본다. 하루빨리 마무리하고 남은 여정이라도 손자와의 행복한 추억을 만들어야지.

어느 가족 이야기

  무더위를 피해 영화나 한 편 보려고 영화관에 와서 표를 사는데 티켓을 발매하던 직원은 '라이브 토크'가 있어서 경로우대 할인을 해 줄 수 없다고 했다. 조금이라도 싸게 보는 쏠쏠한 재미가 있는데 영화가 끝난 후 감독과 라이브 토크를 한다니 나로선 없던 경험이라 생소했지만 그러려니 하고 상영관으로 들어갔다.
  부자父子인 듯한 중년 남성과 소년이 마트에서 서로 눈짓을 주고받으며 소년의 배낭에 약간의 물건을 살그머니 넣고 용케 발각되지 않은 채 그곳을 빠져나와 통쾌하게 웃는 장면으로 영화는 시작되었다. 두 사람은 고로케를 먹으며 장난치며 걷다가 어느 집 난간 쪽에서 추위에 떨고 있는 어린 소녀 유리를 보고 고로케를 주면서 데리고 온다.

바람난 남편으로부터 버림받은 하츠에 할머니의 낡고 오래된 집에서 일용직 노동자 오사무와 세탁공장에서 일하는 아내 노부요, 성매매업소에서 일하는 할머니의 손녀뻘인 아키, 우연히 파친코 주차장에 버려져 있던 소년 쇼타까지 가족으로 살고 있었다. 결국 유리까지 혈연이 아닌 여섯 식구가 한 가족이 되어 서로 부대끼며 보통 가족의 모습으로 일상을 보낸다.

갑자기 할머니의 죽음이 찾아 왔고, 사망신고를 하고 장례절차를 밟아야 하는데 무슨 까닭인지 노부요는 집 안뜰에 할머니를 매장한다. 그리고 아무렇지도 않게 그 집에 살면서 할머니가 받던 연금을 자유롭게 찾아 쓴다.

어느 날 마트에서 물건을 훔치다 들킨 유리를 구하기 위해 쇼타는 일부러 양파 자루를 들고 뛰다가 붙잡히고 만다. 어느새 쇼타의 마음엔 유리가 동생으로 자리 잡았기 때문이리라. 이로 인해 할머니의 암매장이 들통나고, 버려진 쇼타와 유리를 데려와 함께 산 것이 유괴로 인정되어 노부요가 구속되면서 이 가족의 비밀이 하나, 둘 열리기 시작한다.

취조관이 "아이가 뭐라고 불렀죠?" 하는 물음에 노부요인 여배우 안도 사쿠라의 연기는 전율을 느끼게 했다. 눈물을 참고 머리칼을 쓸어올리며 한참을 되풀이하다가 오열한다. 사실 엄마이고 싶었지만 엄마가 아니었으니까.

남남으로 구성된 가족이지만 작은 집 처마 밑에 여섯 명이 얽혀 불꽃놀이를 보려고 몸을 내미는 장면이나, 더운 날 바닷가에서 할머니는 모래사장에 앉아 있고 다섯 명은 바다에 뛰어들어 신나게 물놀이하는 장면은 흡사 혈연을 뛰어넘은 한가족이었다.

이 영화의 엔딩 장면은 부모에게 돌아간 유리가 혼자 밖을 내다보며 노래를 흥얼거리고 있고, 쇼타는 오사무와 마지막으로 함께 시간을 보내고 새로운 삶터인 학교로 돌아간다. 오사무는 쇼타에게 듣고 싶은 한마디가 있어 달리는 버스 뒤를 숨차게 쫓지만 쇼타는 무심한 듯 앞만 보고 앉아 있다가 한참 후 아스라이 멀어진 오사무를 보면서 "아빠…"라고 나직이 부른다.

영화가 끝나자 착잡한 여운이 가슴을 쓸었다. 크게 기대하지 않고 보았던 영화 〈어느 가족〉은 알고 보니 일본 고레에다 감독의 작품으로 2018년 칸영화제에서 황금종려상을 수상했다고 한다. 예고대로 영화가 끝난 후 '라이브 토크' 시간이 되었는데, 나는 평론가와 감독이 직접 무대 위에 서는 줄 알았다. 아쉽게도 여러 상영관 중 한 곳에만 가서 토크쇼를 하고 우리는 보여주는 영상으로 만족해야 했다.

감독은 많은 상처와 결핍으로 모인 가족이지만 가족이 무너지지 않았으면 하는 바람을 가졌단다. 이 영화는 사회와 가족 간의 마찰이며 만일 실제라면 정의감, 혐오감으로 난도질할 것이라고도 했다. 다만 그들이 선량한 것도 악한 것도 아닌 것으로 그리고 싶었다고.

감독이 내면적으로 의도한 것이라고 보여지는 것은 전남편과 부모에게 학대받은 노부요와 유리, 고아로 자란 오사무와 버려진 쇼타, 누군가로부터 소외당한 아키 등 이들의 공통적인 정점頂點은 '가족'이었다.

'가족'이란 무엇일까? 주변을 보면 사랑으로 하나 되어 살뜰하고 애지중지하는 가족도 있지만 갈등과 대립, 결핍된 사랑으로 서로 각을 세우는 가족도 있다. 영화 속의 이들은 혈연은 아니었지만 서로 보듬어 주고, 인정해 주고, 각자의 상처를 어루만져 주며 진정한 한가족이 됨을 느낀 게 아니었을까?

영화관을 나오면서 '가족'이라면 사랑하며 공경하고, 울타리도 되어 주고, 따뜻하게 토닥이며 살아가는 모습이었으면 하는 바람을 가져본다.

어화둥둥 내 사랑아 1

그대가 환한 웃음 지으며
내게로 오던 날
이 순간만큼은 아이처럼
팔짝팔짝 뛰고 싶습니다.
　… 중략 …
설렘 타듯 스며드는 가슴을
은빛 주전자에 담아
고운 언어를 끓여서
사랑이 찰랑거리는 찻잔에
행복한 마음으로 드립니다.
　　- 김승희, 〈사랑하고 사랑받는 행복〉에서

새해 아침, 내가 존경하는 김 교수님께서 이렇게 아름다운 사랑의 시를 인터넷 카페에 올리셨습니다. 어떻게 내가 요즘 이런 사랑에 빠졌는지 아셨을까요. 그렇습니다. '사랑이 찰랑거리는 찻잔'에 내 행복을 담았거든요.

 일 년 전 어느 겨울 날. 홀연히 그가 내 앞에 나타났습니다. 반짝거리는 두 눈동자가 너무 맑아 그 속에 빠져버리고 말았지요. 그가 은근한 눈빛으로 바라보며 웃음 지으면 나는 온몸이 녹아든답니다. 그의 몸짓, 그의 표정, 그의 체취에 흠뻑 젖어 내 시간을 송두리째 빼앗기게 되었습니다. 이런 사랑은 내 생애 처음인가 봐요. 그를 만나는 순간이면 그는 조용히 미소 지으며 무척 기다렸다는 듯이 나를 꼬옥 안아줍니다. 나를 이처럼 온몸으로 좋아하는 이가 세상에 또 있을까요. 헤어져 돌아오려 하면 애틋한 눈빛으로 내 발길을 붙잡는 그는 영락없이 응석받이입니다. 시간이 흐를수록 그를 만나면 오래도록 같이 있고 싶어 여행을 계획했습니다. 지난봄 일본 아키타 온천으로의 여행은 꿀맛이었습니다. 모처럼 이국에서 오붓이 보내는 그와의 시간은 새로운 풍경과 기이한 음식을 맛보는 꿈같은 사흘이었죠. 깊은 산속, 넓은 들판에 하얗게 피어 있는 시계꽃을 따서 그의 팔목에 예물인 양 매주었더니 그는 내 머리 위에 하얀 꽃을 뿌려주고 싶어 했습니다. 얼마나 로맨틱한 사람인지! 한번 맛들인 여행인지라 여름휴가 때는 해운대에서 지냈습니다. 우릴 아는 사람이 아무도 없는 바닷가 모래사장을 자유로이 거닐기도 하고, 아쿠아리움에서 신비한 빛깔을 뽐내며 유

연한 몸매로 헤엄치는 물고기들을 보며 깊은 유리벽을 통해 우리만의 눈짓을 교환하고, 살아있는 빨간 불가사리를 손으로 만져보며 즐거운 시간을 보냈습니다. 그와 함께하는 시간은 왜 그리 빨리 가는지 모르겠어요.

    그런데 요즘 그가 이상합니다. 나는 점점 그에게 빠져들어 가는데 그는 나에게 머물던 눈빛을 다른 사람에게로도 돌리더라구요. 나는 그의 환심을 사기 위해 빨강 옷도 입어보고 평소에 그가 좋아하며 만지작거렸던 액세서리를 해보았지만 본체만체했습니다. 예쁘고 젊은 아가씨를 보면 나를 처음 만났을 때처럼 수줍게 웃으며 그윽한 눈빛으로 바라보는데, 질투가 나서 견딜 수 없습니다. 그는 오로지 '나만의 그'여야만 하는데 말입니다. 때론 몸이 고달프고 짜증이 날 때도 있습니다. 나의 규칙적인 생활에 그의 일상이 플러스되었으니까요. 갑자기 그가 몸이 아파 병원에 가야 하거나 먼 길을 드라이브하고 싶어 할 때면 나의 스케줄은 자동으로 취소돼버리고 말아, 언젠가 유명가수의 콘서트 티켓이 있는데도 못 가버렸죠. 그래도 그와 함께하는 시간이 더 소중해서 아무 미련이 없더라구요. 그런데 그가 나에게서 눈길을 돌리다니 말이 되나요? 궁여지책으로 그와 함께 제주도로 여행을 또 가려고 합니다. 나와의 만남을 아름답고 소중한 기억으로 남기고 싶어서요. 다 늙어가면서 주책이라구요? 누구라도 이런 상황이 되면 어쩔 수 없을걸요.

어쩌면……. 그래요. 우리 인연은 나의 영원한 짝사랑으로 끝날지도 모르겠지요. 나는 오늘도 그가 너무 보고 싶어 전화를 걸었습니다. 오늘은 그의 목소리를 들을 수 있기를 기대하며.
 "여보세요."
 "아바바바."
 아휴, 언제쯤에나 "예쁜 함미." 하는 음성을 들을 수 있을까요.

내 남편은요

"내 마누라는요, 나보다 키도 크고, 손도, 발도 크고, 마음도 크답니다." 이렇게 남편은 어느 모임에서 저를 소개했습니다. 그렇습니다. 내 남편은요, 키가 나보다 작습니다. 손도, 발도, 얼굴도 모두 나보다 작아서 일상용품을 살 때면 내 것보다 남편 것을 더 작은 사이즈로 구입한답니다.

결혼 전, 나는 여자로선 큰 체구였기에 신랑감으로 나보다 더 크고 늠름한 남자를 상상하곤 했습니다. 그런데 지금의 내 손위동서가 중매를 하셔서 남편을 처음 만나게 되었는데 크다는 느낌은 안 들었지만 그리 작아 보이지도 않았고 제법 잘생겨 보이기까지 했답니다. 바로 콩깍지가 씐 거지요. 요즘 제 남편을 누군가 보고 내 말을 기억한다면 뒤돌아서서 웃을 겁니다.

그렇게 시작된 남편과의 결혼생활은 올해로 삼십 년째인데 어찌 그리 흉볼 게 많은지 몰라요. 양복을 바꿔 입거나 매일 아침 와이셔츠를 갈아입을 때 어쩌다가 넥타이를 한번 골라주면 몇 날 며칠이고 양복 색깔이나 와이셔츠 색깔이 달라져도 그 넥타이만 맨답니다. 내가 제발 옷에 맞추어 넥타이 좀 바꿔 매라고 성화를 해도 괜찮다며 그냥 출근해버립니다. 나도 본인이 골라 맬 때까지 짐짓 모른 척하지요.

건설회사에 다니는 남편은 건설 현장을 매일 둘러보는데 겨울엔 현장에서 피우는 난로 주변에 뒤돌아서 있다가 한 철이면 두어 벌씩 코트 자락이며 바지 태우는 일이 다반사랍니다. 나는 그럴 때면 쫑알대죠. "원, 저리 타들어가면 뜨거운 걸 느낄 텐데 감각도 어찌 그리 둔할까."

언젠가 한번은 둘이서 외출했다가 들어오는데 제가 운전을 하고 남편은 옆자리에 앉아 졸고 있었습니다. 평소 사무실에서 클립을 보면 그걸 가지고 손장난을 하며 모양을 바꾸기도 하고 손가락에 끼우기도 하는 걸 즐겼는데, 그날도 방문했던 설계사무소에서 책상 위에 굴러다니는 반쪽짜리 클립을 발견하고 집어 들어 손에 끼고 있다가 입에 물었던 모양입니다. 한참 달리고 있는데, 잠들었던 남편이 갑자기 컥컥거리며 기침을 하는 것이었습니다.

내가 놀라서 "왜 그래요?" 했더니 목을 잡고 토할 듯이 "클립을 삼켰나봐." 하는 것이었습니다. 순간 난 웃음이 나오는 것을 참고 병원 응급실로 급히 달렸습니다. X-ray 촬영을 해보니 벌써 클립은 식도를 지나 위 한가운데 들어있었습니다.

결국 퇴근했던 의사선생님이 달려오셔서 위 내시경을 통해 클립을 꺼내주셨습니다. 의사선생님은 "클립이 V자 모양이네요."라고 말씀하시며 웃음을 참지 못했습니다. 어린애들이 핀이나 단추를 삼키고 오는 걸 보긴 했지만 연세 드신 분이 이런 걸 삼키고 오신 건 처음 본다면서.

내 남편 흉이 이리 많은지 몰랐습니다. 줄줄이 끊이지 않는 걸 보면. 아무튼, 식사 후 이쑤시개 물고 거리 활보하기, 아침이면 챙겨주는 서류며 휴대폰 그냥 놓고 가기, 펜 뚜껑 닫지 않은 채 와이셔츠 주머니에 꽂아서 잉크가 모두 새어 와이셔츠, 러닝셔츠는 물론 가슴까지 온통 새까매서 놀랐던 일 등 거슬리는 게 참 많습니다.

그러나 어쩌겠어요, 내 남편인 것을. 그래도 내 맘대로 하고 싶은 것 다하고, 가고 싶은 곳 다 가도 이해해주는 남편인 것을. 시골길 달리다 길모퉁이에 자리 깔고 앉은 꼬부랑 할머니로부터 고추며, 호박을 몽땅 사들고 들어오는 남편인 것을. 지방에 출장 갔다 돌아올 때면, 당신이 좋아하는 거 사왔다며 식어 빠진 호두과자, 군밤 봉지를 자랑스레 내미는 남편인 것을. 항상 '당신만을 사랑한다.'는 남편인 것을.

늦은 밤 갑자기 인터폰이 울려서 받아보니 경비 아저씨가, 지하 주차장에 세워둔 차에 불이 켜진 채라고 알려주네요. 어휴, 못 말리는 내 남편.

김치를 담그다

그녀는 곱게 누빈 한복을 입고 등장했다.
"제가 식품 명인 지정을 받고 김치 명인이 되기까지 28년 외길 인생을 살았습니다. 그동안의 제 삶을 짐작하시겠죠?"
활짝 웃으면서 시작하는 그녀의 강의는 맛깔스럽게 막힘없이 진행되었다.
나는 직접 김치를 담그기 시작한 게 몇 해 되지 않아 김치를 담근 후면 늘 미흡함을 느꼈는데, 한 문화센터에서 일일 요리 강습으로 김치명인의 강의가 있다기에 신청을 한 것이다. 삼십여 명의 신청자들은 앞치마를 두르고 앉아 열심히 보고 들으며 메모를 했다.
"김치의 레시피는 일정치 않아요. 계절 따라 재료의 당도나 수분이 다르고, 누가 담그고, 보관은 어떻게 하나에 따라 맛이

다르기 때문이죠. 무엇보다 타고난 손맛이 있어서 똑같은 재료로 담가도 맛이 달라요."

그녀는 배추김치 담그는 것을 시연해 나갔다.

김치의 유래는 삼국시대를 거슬러 올라갈 만큼 오랜 역사를 가지고 있다고 한다. 하지만 그 무렵의 김치는 간장과 소금만을 이용한 요즘의 장아찌 형태였고 오늘날의 김치는 1600년대 경 고추가 상용되면서 시작되었다고 한다. 김치류를 총칭하던 옛말은 '지' 또는 "침채沈菜"라고 했던 것으로 추정되며 '침채'는 채소를 소금물에 담근다는 의미이다. 이것이 '팀채' 혹은 '딤채'로 발음되어 나중에 '짐치'로, 오늘 날은 '김치'로 변환되었다고 본다.

어릴 적, 김장을 하는 날이면 우리 집으로 이웃집 아주머니들이 모여들었다. 맵고 비릿하고 고소한 냄새 속에 웃음소리 가득 담아, 절인 배추 속에 양념을 넣으면 집에 남아있던 남정네는 화단 한편에 땅을 파서 김칫독을 묻고 거기에 양념이 버무려진 김치를 날랐다. 통무 동치미까지 담가 땅에 묻고 김장독 뚜껑 위에 볏짚으로 둥글게 덮어 놓으면 모든 김장은 마무리가 된다. 추운 겨울밤, 살얼음을 깨고 꺼내 온 잘 익은 동치미와 뜨거운 고구마를 먹을 때의 그 맛이란! 이렇게 어릴 적부터 매 끼니, 김치에 길들여진 우리 입맛은 어쩌다 기름진 서양 음식을 대하고 보면 마지막엔 김치 한 가닥 먹었으면 입안이 개운해지겠다는 말을 종종 한다. 그러다보니 해외여행을 나갈 때면 김치를 먹지 못하는 게 고역이기도 했다.

 십여 년 전, 조카가 미국의 샌안토니오에서 유방암 연구를 하고 있었다. 김치를 좋아하는 조카를 위해 나는 종종 김치를 보내주었다. 어느 날 그녀의 전화를 받고 배꼽을 잡고 웃었다. 조카는 내가 보내준 김치를 맛있게 다 먹었는데 김치 통에 제법 많은 국물이 남아 있어 버리기가 아깝더란다. 머릿속에 반짝 떠오르는 게 있어 마트에 가서 배추를 사다가 씻어서 적당히 잘라 그 국물에 넣어두고 이틀쯤 후에 먹으려고 꺼냈더니 시어진 국물에 배추만 그대로 동동 떠있다고 어쩌면 좋으냐고…….

 김치명인의 손놀림은 설명과 동시에 무채를 썰고 쪽파, 청갓 등 부재료를 준비하여 고춧가루, 찹쌀풀, 젓갈 등을 넣어 양념소를 만들더니 활처럼 휘게 잘 절여진 배춧잎 사이사이에 소를 넣고 접시에 담아 내놓았다.

 "김치는 슬로 푸드예요. 절이면서 기다리고, 담가서 익기를 기다리고……. 혹시 11월 22일이 김치의 날인 거 아세요?"

 열한 가지 이상의 재료가 들어가고 스물두 가지 이상의 영양소가 있다고 해서 그날로 정했다고 한다. 김치의 주재료인 배추, 무 등에는 다양한 비타민과 칼륨, 무기질이 많고 무엇보다 발효되는 과정에서 생성된 유산균으로 인해 항암작용도 할 뿐만 아니라 부재료인 고춧가루, 마늘, 생강, 젓갈에 들어있는 영양소도 많아 소화 작용과 혈액순환도 돕는 최고의 건강식품으로 알려져 있으니 김치의 날이 제정될 만도 하다. 이어서 동치미 담그는 것까지 배우고 1일 요리강습을 마쳤다.

　우리나라는 사계절이 있어 김치의 종류도 다양하다. 봄이면 얼갈이김치, 여름이면 열무김치, 부추김치, 오이소박이, 가을엔 고들빼기김치, 총각김치 그리고 겨울이면 통배추김치, 보쌈김치, 깍두기, 동치미 등 계절에 따라 독특한 맛을 음미할 수 있다. 또 각 지역의 특산물이 된 강화의 순무김치, 여수의 갓김치 그밖에 가지김치, 깻잎김치, 호박김치 등이 있고, 요즘은 요리연구가들이 갖가지 재료로 새로운 김치를 만들어 선보이고 있다. 어떤 색다른 김치가 우리의 건강과 입맛을 돋우어줄지……

　때마침 조간신문에서 우리의 '김장문화'가 유네스코의 인류무형유산으로 등재되었다는 기사를 보았다. '김치'라는 특정음식의 등재가 상업적으로 이용돼 인류무형유산 등재 제도의 본질이 왜곡될까봐 명칭을 '김장문화'로 수정하였다고 한다. 김장문화에는 여러 세대를 거쳐 가족과 친척은 물론 품앗이로 이웃까지 함께 모여 김장을 하고, 자신들이 필요한 양보다 많은 김치를 담가 불우한 이웃을 살피는 한국의 전통정신이 깃들어 있음이 등재 이유란다. 이제 우리는 우리 땅에서 재배하고 자란 농산물로 담근 김치야말로 최고의 맛과 유익한 영양소가 있음에 자긍심을 갖고 한글 그대로 '김치'로서 세계로 뻗어 나가기를 바란다.

나는 김치명인의 강의를 기억하여 맛있는 김치를 담글 것이다. 오늘 배운 레시피를 토대로 어머니로부터 물려받은 타고난 손맛을 더해, 잘 발효되고 숙성된 김치 특유의 향과 상큼한 맛을 기대하면서, 배추김치를 비롯해 총각김치랑 물김치, 갓김치를……. 옆집이랑 앞 동에 사는 친구네도 두어 쪽씩 맛보라고 갖다 주고, 딸네도 보내고, 그리고 오래도록 어머니가 담가주신 김치를 받아먹었는데 이제는 연로하셔서 기억도 가물거리는 어머니께 내가 담근 김치를 갖다 드려야겠다. 맛을 보신 어머니는 무어라 말씀하실까.

그리움을 수놓다
꽃은 별이어라
삶의 흔적을 지우는 남자
여행을 추억하다
조율은 타협하기
생각 위에 서다
카페 아저씨
추억을 마주하다

그리움을 수놓다

　딸애가 서양화과를 졸업하고 작품 전시회를 열었다. 캔버스에 유화 물감으로 그림을 그린 게 아니라 광목 천 위에 갖가지 형상으로 수를 놓은 작품이었다. 거기엔 꿈과 사랑, 그리고 많은 이야기가 있다. 몇 개의 작품으로 포스트 카드를 만들어 왔기에 한 장씩 넘겨보다가 문득 내 어린 시절이 그리워졌다. 난 언덕 위의 나무 한 그루며, 꽃밭, 나비 잡는 풍경 속에 풍덩 빠져 들었다.
　내가 어릴 때, 마을의 골목을 따라 깊이 들어오면 우물이 있었고 거기에서 조금 경사진 좁은 길을 올라가노라면 지붕이 보였다. 길 양쪽으로는 붓꽃이며 싸리꽃, 해바라기가 번갈아 꽃을 피워 급한 심부름을 가던 중이라도 발걸음을 멈추게 했다. 그 길의 끄트머리에 바로 마당으로 이어진 우리 집이 있었다. 마당엔 아담한 꽃밭이 있어 사철 나의 놀이터가 되었다. 채송화, 봉숭아, 맨드라미, 백일홍, 분꽃이 서로 다투며 앙증맞고 예쁜 모습을 드러냈다. 집 한켠의 넓은 밭에서는 계절 따라 상추, 오이, 고추, 가지, 호박 그리고 배추, 무가 자랐다. 뒷마당엔 오래된 감나무와 대추나무, 앵두나무가 터줏대감처럼 버티고 있었는데 감꽃이 필 무렵엔 새벽같이 일어나 떨어진 하얀 꽃을 주워 목걸이를 만들려고 아침잠을 설치기도 했다. 여름이 시작될 즈음이면 빨간 구슬처럼 조롱조롱 매달린 앵두를 따서 차마 먹지 못하고 손으로 조물거리다가 터져버린 붉은 즙만 핥아 먹었던 기억이며, 봉숭아꽃이 씨앗을 맺기 직전, 언니가 꽃과 이파리를 따서 명반과 숯을 넣고 짓찧어 내 손톱 위에 얹어 꽁꽁 싸매 주면 아련한 설렘을 안고 잠들었던 일이며, 주황색으로 잘 익은 꽈리의 알찬 속을 빼내어 불어보려고 무진 애를 써도 결국엔 찢어져 실망하던 일들이 엊그제 같다. 꽃잎에 날개를 파닥이며 앉아 있는 나비를 잡으려고 살금살금 걸어가다 돌부리에 차여 넘어진 상처는 꽤 오래 남아 있었다. 소낙비가 퍼붓는 날이면 친구 숙희랑 처마끝에서 방울방울 떨어지는 물방울을 두 손을 내밀어 누가 더 많이 받는지 내기를 하기도 했다. 이런 장난을 하면 손등에 사마귀가 생긴다는 말도 있었지만.

　언젠가 엄마가 새로 만들어 준 하늘색 원피스를 입고 좋아라 하며 나풀나풀 뛰어 숙희에게 자랑하러 내려가는데 길목에 이름 모를 노랑꽃이 눈에 띄었다. 난 순간 발길을 멈추고 그 꽃을 몇 송이 따서 새 원피스의 밑자락에 한 송이씩 놓고 치맛자락을 비틀어 쥐어짰다. 다시 폈을 땐 노랑꽃이 원피스 밑단에 고스란히 옮겨 와 있었다. 그렇게 몇 송이를 쥐어짜고 펴면서 신기하고 좋아서 어쩔 줄 몰랐다. 물론 그 날 저녁 새 옷을 망쳤다는 꾸지람을 면할 수는 없었다.

내 나이 여섯 살 때의 기억은 오십 중반을 넘어선 나이가 되어도 마음에 담겨있어 가끔 꽃밭에서 놀거나, 아님 어머니가 텃밭에서 솎아주시는 갖가지 채소를 이웃집에 가져다 드리는 꿈을 꾸곤 한다.

숙희네랑 공동으로 사용했던 우물은 꽤 깊었던 것 같다. 나이가 어려서 두레박으로 물을 퍼 올리진 않았지만 우물에 얼굴을 비춰 보기도 하고 소리를 질러대면 한참 만에 되돌아오는 내 목소리를 들으며 신기해하기도 했다. 여름이면 큰 양동이에 끈을 묶어 수박, 참외를 담아 우물 속에 담갔다 먹기도 했는데 얼마나 시원하고 달았는지….

초등학교 2학년이 되면서 그곳을 떠나온 후, 지금까지 꿈속에서만 어쩌다 찾아갔을 뿐, 한 번도 가보질 못했다. 학교를 마치고 집으로 가던 언덕길은 플라타너스가 줄지어 서 있고 빨간 벽돌로 지어진 교회를 지나면 푸른 빛깔 양철대문의 친구집도 지났었는데. 멀찍감치 숲속에 미국인 선교사들이 살았던 하얀 집. 거기서 뛰노는 금발머리의 서양아이들은 내겐 근접

할 수 없는 세계이기도 했다. 내 어린 날 보금자리였던 나의 동네는 지금은 아마 대단지 아파트라도 들어서 옛 모습은 흔적도 남아있지 않으리라. 그때 단짝이었던 아랫집 숙희, 눈이 커다랗고 하얀 얼굴의 숙희는 지금은 어디서 어떻게 살고 있을까.

어느덧 세속에 물들어 살아온 삶은 이제 지천명知天命의 나이가 되어 뒤돌아보니 군데군데 부끄러운 상처가 눈에 띈다. 어른이 되어가면서 내재하게 된 아집과 오만과 허세와 탐욕…. 이런 것들에 휘둘려 진실한 사랑과 겸손, 아량이 숨어버린 시간들로 채워지는 나를 보면서 순수하고 고운 마음으로 살았던, 그래서 아름다운 날들로 남아있는 어린 시절이 그립기만 하다.

이제 신께서 내 살아온 날들 중 짤막한 시간을 되돌려 주신다면 나는 서슴없이 고향집에서의 어린 시절로 되돌아가고 싶다.

꽃은 별이어라

 자그맣고 예쁜 별이 떨어져 있었다. 녹색 바탕에 연노랑 무늬가 박힌 잎 사이, 기다랗고 가는 줄기에 작은 여러 개의 꽃송이가 하나로 뭉쳐 매달려 있었다. 핑크색으로 오각형 모양인데 아기가 주먹을 꼭 쥔 양 꽃잎을 오므리고 있더니 이튿날 아침 붉은 색 별을 품고 활짝 피었다.
 나는 이 꽃의 이름을 몰랐다. 오래전 양란 화분 하나가 들어왔는데 그 화분의 곁들이로 심겨져 있었다. 양란이 지고 난 후, 이 식물도 함께 버릴까 하다가 아직 살아있는 싱싱한 잎을 보고 작은 화분에 옮긴 후 다른 화분들 뒤쪽 한 귀퉁이에 놓고 아끼는 화분에 물 주면서 선심 쓰듯 남은 물 한 방울씩 조르르 흘려주었던 식물이다.
 볼수록 신통해 그동안 홀대하고 이름조차 몰랐던 미안한 마음에 화분을 거실 탁자로 옮겨 놓고 물을 더 주어야 할지, 분갈이를 하여 멋진 화분에 옮기고 영양제를 듬뿍 주어야할지 갈등을 했다. 그런데 더 궁금한 것은 이 꽃의 이름이었다. 선배 언니에게 사진을 찍어 보냈더니 잘 모르겠단다. 가까운 화원을 두고 시간을 허비했다 싶어 부랴부랴 가서 똑같은 화분을 가리키며 물었더니 '호야'란다. 꽃말이 '아름다운 사랑'이라나? 이름도 예쁘고 꽃말도 맘에 들었다.

다음날. 카톡에 올린 사진을 본 지인이 문자를 보내왔다. "우와~, 호야 꽃이 피었네요. 그 꽃 피워내기 아주 어렵거든요."라고. 이 글을 본 나는 큰 복이 들어온 것 같은 기쁨과 귀찮아 잘 돌보지도 않았던 미안함이 교차되었다. 인간인 내 마음이 호야만 못한 듯싶어 내심 부끄럽기도 했고. 그 후론 틈만 나면 호야 옆에 가서 들여다보고 향기도 맡아보고, 또 옆 가지에 연한 순이 뾰족뾰족 돋아나는 것을 보며 계속 피어날 호야 꽃에게 염치없이 욕심 많은 기대를 한다.

호야 꽃을 볼 때마다 내 얄팍한 마음에 얼굴을 붉히곤 하지만 척박한 환경을 참아내며 피우기 어려운 꽃을 피웠다고 상으로 메달이라도 걸어주고 싶으니 이를 어째야 하나.

아! 꽃은 별이어라.

삶의 흔적을 지우는 남자

"부모의 내리사랑은 한이 없지만 자식들의 치사랑은 기대할 수가 없습니다."

화면에 비춰진 젊은 남자는 이런 말을 하며, 본인은 고인의 삶과 죽음의 흔적을 말끔히 지우는 직업인 '유품 정리업체' 사장이라고 했다.

어느 날 아침, 우연히 TV 뉴스를 보다가 저런 직업도 있었나 싶어 하던 일을 멈추고 끝까지 시청을 했다. 그가 의뢰를 받고 들어서는 집의 유품을 보면 고인의 삶을 어림짐작할 수 있단다. 의뢰인 절반 이상은 독거노인인데 유품을 정리해서 멀리 떨어져 사는 자식들에게 전할 건 전하고 나머진 모두 태워서 하늘로 보낸단다. 대부분 자식이 먼저 가면 부모는 직접 치우고 정리를 하지만, 부모가 가시면 자식들은 선뜻 나서질 않고 나중에라도 법적인 효력이 있는 계약서나 통장, 귀중품 등만 챙기고 고인을 추억할 수 있는 유품은 안 가져간다고. 그는 고인의 남겨진 흔적에서 자식들에 대한 애끓는 사랑과 그리움을 감지할 수 있어 늘 마음이 아프다고 했다.

 갑자기 가슴이 찡해지며 내 삶을 들여다본다. 지금까지 난 어떤 딸, 아내, 그리고 어떤 엄마, 친구로 비춰졌을까. 내가 죽음을 맞이했을 때 나의 자식들은 나의 흔적을 어떻게 지울까? 차마 버리지도, 그렇다고 간직하기도 힘든 그 무엇이 있어 애들이 마음에 부담을 갖는다면 어쩌지? 그렇다면 난 모든 걸 내 손으로 미리 정리하는 게 좋지 않을까? 많은 물음표가 이어진다.

 일전에 사랑하는 남편을 갑자기 여읜 친구를 위로 차 찾아갔다. 그녀는 방 하나 가득 남편의 흔적을 쌓아놓고 매일 쓸고 닦으면서 고인이 된 남편의 사랑을 더 실감하며 지낸다 했다. 남편의 사진, 손때 묻은 책, 쓰던 물품들을 그분이 살아계신 양 애지중지 간직하고 그리움 속에 살고 있었다. 자녀들을 다 출가시키고 홀로 사는 그녀는 오로지 남편만 의지하던 터라 상실감이 더욱 커서 남편의 부재不在가 실감나질 않는다고 했다. 거의 외출을 삼가고 집안에만 있는 그녀는 말했다. "갈 날이 언제인지 알 수 있다면 주변 정리를 미리 할 수 있어 좋을 텐데…."라고.

 몇 해 전, 아흔다섯의 연세로 뇌수술을 받고 거뜬히 일어나신 어머니도 이미 오래전에 옷이며 이불, 패물까지 모두 주변에 골고루 나누어 주고 오래도록 끼고 계신 금반지와 외출복 몇 가지만 남기셨다. 그리고 매일 "이젠 짐밖에 안 되는 존재이니 어서 떠나야 할 텐데 언제나 부르실라나?"를 되뇌이신다.

모든 사람의 삶과 죽음의 시간은 신神만이 알 텐데 내 삶의 지점은 어디쯤 와 있을까? 지금까지 살아온 날에 비해 앞으로 살날이 짧음은 당연지사. 언제부터 정리를 시작할까? 무엇을 남기고 무엇을 버려야 할까? 내가 이 세상에 존재하지 않는 상황에서 나와 연관된 모든 게 자식들에게는 존재가치가 없으리라. 그야말로 본인들에게 쓸모 있는 물품이나 경제적인 도움 외에는 무슨 의미가 있으랴.

오늘부터 내게 숙제가 주어진 것 같다. 하루하루 기쁘고 뜻있게 살면서 버릴 것과 남길 것을 분류하고 정리하는 일…. 돌아보면 내겐 아름답고 값진 추억이지만 나 외에 다른 이에겐 필요 없는 것일 텐데, 버리자니 아깝고 간직하자니 결국 언젠가는 폐기해야 할 것들이 너무 많다. 그냥 모든 것을 다 버리자. 다만 '나를 가끔은 그리워하고, 가끔은 꼭 필요한 사람이었는데 하며 아쉬워하고, 내 삶의 자세를 본받고 싶다는 자손이 있다면 좋겠다.' 하고 바라는 것은 어떨까. 그런 생각도 버려야겠지. 하긴 이름을 남길 만한 그 무엇도 없는 평범하디 평범한 내 삶이 무에 그리 존경 받을만 하다고 그런 바람을 하겠는가. 다 그만두고 무엇보다 내 진정한 마음, 모두에게 쏟아 부었던 내 사랑만이라도 오래도록 간직해 주었으면 싶다. 하지만 이것마저도 헛된 꿈이리라.

 잘생긴 유품 정리업체 사장의 눈에 고인 눈물을 보며 갑자기 서글퍼지는 아침, "그대가 헛되이 보낸 오늘은 어제 죽어간 이가 그토록 그리워하던 내일"이라는 랠프 에머슨의 글을 떠올려 본다.

여행을 추억하다

얼마 전 우리나라 영화 〈기생충〉이 오스카상 4관왕을 수상하여 전 세계가 떠들썩했다. TV에서 보이는 돌비극장을 보니 재작년에 녀석이랑 그 곳을 둘러보았던 기억이 난다. 그 때는 오늘이 있으리라고는 생각도 못한 채 그저 유명한 극장이라는 것뿐, 레드카펫도 없었고 문이 닫혀 있어 극장 주변만 무심히 돌아보고 나왔다. 헐리우드 스타의 거리에서 별 모양의 판에 박힌 유명배우들의 이름을 보았고, 맨 왼쪽에 대한민국 배우 안성기와 이병헌의 사인과 손, 발자국이 찍힌 판을 발견하곤 녀석은 손자국에 손을 겹치며 사진을 찍었다.

나는 녀석과의 오래전 약속을 지키기 위해 재작년 가을, 미국 서부여행을 떠났다. 녀석은 여행을 결정하고 수속을 밟는 사이에 가방을 미리 싸고 스케줄을 확인하며 들떠 있었다. 나

역시 딸애가 꼭 녀석의 나이였을 때 온 가족이 다녔던 여행 코스를 30년을 훌쩍 뛰어넘어 딸의 아들인 녀석과 가게 되어 감회가 새로웠다.

긴 비행시간을 넘기고 LA공항에 도착하여 버스를 타고 덴마크 민속촌 '솔뱅'을 거쳐 샌프란시스코로 갔다. 이미 널리 알려진 금문교는 예나 지금이나 다름없이 붉은빛 기둥이 웅장하게 서 있고, 다리 길이가 2.8㎞ 가량 되어 걸어서 건너려면 시간이 많이 소요되어 멀리서 바라보고 사진만 몇 장 찍었다. 샌프란시스코에 오면 들르게 되는 어부들의 선착장이라 불리는 피셔맨즈워프에 갔다. 줄 늘어선 식당들과 다양한 상품들이 진열된 기념품 상점들을 보면서 녀석의 눈이 빛났다. 여기 와서 꼭 먹어보아야 한다는 피시앤칩을 점심으로 먹고, 가게 이곳저곳을 다니다가 녀석이 마음에 두었던 야구 모자를 사고 다음 여정 길에 올랐다.

샌프란시스코를 출발하여 라스베이거스를 향하던 도중, 시에라네바다산맥에 위치한 요세미티 국립공원을 들렀다. 세콰이어 숲길을 따라 걸어가면 안쪽에 빙하가 만들어 낸 절벽과 쏟아져 내리는 '면사포 폭포'는 바람이 불면 마치 신부의 면사포처럼 나부낀다고 하여 붙여진 이름이라는데 장관이었다.

네바다주와 도박의 도시 라스베이거스로 가는 길은 5시간이 넘는 긴 버스여행이었다. 모래 없는 광활한 사막인 모하비 사막이 펼쳐지며 사막에서 자생한 죠슈아트리가 간간이 보였다.

모하비사막은 고대에는 바다였는데 화산활동과 콜로라도강의 퇴적으로 점점 광활한 산악사막이 되었다고 한다. 산의 능선을 따라 바람개비마냥 빙빙 도는 풍력 발전기가 끝도 없이 줄지어 나타났다. 우리나라 같으면 끝없는 아파트 단지가 들어서 있을 텐데….

해가 질 무렵 라스베이거스에 도착한 우리는 30년 전, 딸이랑 묵었던 엑스캘리버 호텔에 여장을 풀었다. 녀석은 제 엄마가 묵었던 곳에 머물게 된 걸 신기해했고 나 역시 그 시절 온 가족과 함께했던 시간들이 파노라마처럼 펼쳐지며 그날이 그리웠다. 언제 이리 시간이 흘렀을까. 우리는 시내를 돌아보며 화려한 네온사인으로 대낮같이 밝혀진 호텔들과, 음악에 맞춰 춤추는 유명한 벨라지오 분수쇼를 보면서 감탄을 했다. 숙소인 엑스캘리버 호텔로 들어와 나는 딸애에게 들려주었던 영국 아더왕의 엑스캘리버 검의 전설을 녀석에게도 들려주었다. 녀석은 '사막 가운데 어떻게 이런 도시가 생겼을까, 엄마는 그때 무슨 생각을 하며 구경했을까.'라는 질문을 던졌다. "아마 엄마는 인형만 보고 다녔을 거야. 하하." 나의 대답에 녀석도 크게 웃었다. 우리는 오랜 시간 바뀌지 않고 그대로 있으면서 마치 언젠가 우리가 다시 오기를 기다려준 듯한 뷔페 레스토랑에 가서 식사를 했다. 당시 풍성한 음식에 놀라며 우리 네 식구가 마음껏 먹었던 기억을 되새기면서.

다음 날부터 미국의 4대 캐년을 돌아보기 시작했다. 그랜드

캐년은 미국에서 가장 거대한 캐년으로 경관이 뛰어난 협곡이고, 주위에 수천 개의 돌기둥으로 이루어진 브라이스캐년, 협곡 색이 붉은색, 핑크색이 섞여있는 자이언캐년을 둘러보고, 내게 가장 인상 깊게 간직된 엔텔로프캐년으로 갔다. 그곳은 인디언이 관리하고 있어 원주민 가이드와 함께 돌아보는데 자연의 신비로움에 감탄이 절로 나왔다. 붉은색의 사암으로 형성된 아름다운 협곡이었다. 좁은 틈 사이로 비추는 햇살에 따라 색깔이 달라지는지는 게 신비로웠다. 여행을 다녀온 후, 우연히 TV 광고에서 멋지게 펼쳐진 색의 조화로움과 자연이 완성한 아름다운 곡선이 완벽한 작품으로 비춰지는 걸 보고, 놀랍고 반가웠다. 미국은 축복 받은 나라임에 틀림없다. 인간의 힘으로 도저히 이룰 수 없는 자연경관과 광활한 땅 덩어리와 주어진 풍부한 자원을 보면.

LA로 다시 돌아와 녀석이 고대하던 유니버설 스튜디오를 갔다. 오래전 우리가 방문했을 때보다 프로그램이나 시설이 확장되어 더욱 광대해졌다. 짧은 시간 돌아보는 것이라 못내 아쉬워하며 그 무렵 야구에 빠져있던 녀석은 서툰 영어로 야구 글러브와 모자를 기념품으로 샀다. 녀석의 엄마는 그 때 곰돌이 푸우 티셔츠를 샀던가.

모든 일정을 마치고 귀국하는 비행기 안에서 녀석은 말했다.

"내년에 할머니랑 또 여행 가요."

"짜식, 이젠 네 엄마, 아빠랑 다녀야지."
녀석으로부터 카톡이 왔다.
"할머니, 감사합니다. 앞으로 더 건강하시고 행복하게 사세요. 사랑해요."

조율은 타협하기

"당신, 자동차 딱지 떼였네."

남편은 귀갓길에 우편함에서 가져온 자동차 운전 과태료 고지서를 내밀었다. "아니, 웬만해서 떼는 일이 없는데 언제 어디서 위반했지?" 중얼거리면서 부리나케 고지서를 펼쳤다. 찍힌 사진은 분명히 내 차였고, 그 날 그 시간에 그 도로를 달렸던 것도 기억이 났다. 그런데 왕복 8차선 도로에서 제한속도보다 10여km 더 달려서 위반이 된 것이었다. 늘 지나다니던 도로로 한 번도 속도위반 딱지를 뗀 적이 없었다. 보통 80km인 지방도로도 많은데 어떻게 8차선 도로가 시속 50km란 말인가. 괜히 속에서 부아가 치밀어 오르고 누가 이런 규정을 정하는 건지 눈도 코도 모르는 사람에게 원망이 뿜어 나왔다. 과태료를 내는 것도 아깝지만 평소 모든 법규를 잘 지키며 산다고 자부심을 가진 내 스스로에게 흠집이 난 것에 마음 상했다. 푹푹 대고 앉아 있다가 평정을 가져오기 위한 내 마음속 키를 눌렀다. 그래, 내가 미처 모르고 다녔던 것이고 법규를 정하는 사람들은 교통안전을 위해 그리 정했을 테니 수긍하고 조심해서 다닐 수밖에.

어느 날 TV에서 19세부터 65년 동안 피아노 조율을 해온 우리나라 조율 명장 1호인 이종열 조율사의 이야기를 시청하였다. 그분은 어릴 적 교회 풍금 소리에 반해 풍금을 배우고 조율까지 하게 되었다고 한다. 그분은 피아노 음을 조정하는 조율은 '타협'이라고 했다. 음이 제자리에 서려면 주위 음들과 타협해야 바른 소리가 나온다는 것이다. 콘서트홀의 피아노는 줄이 230줄인데 사격이나 양궁 선수가 과녁을 향해 손가락을 떼는 순간 숨을 안 쉬는 것처럼, 총이나 화살을 쏘듯 고도로 집중해 230번을 그렇게 숨을 잠깐 멈추며 한 줄 한 줄 떨림을 듣고 느끼며 조율한다고 했다. 그분은 세계적인 국내외 연주가의 피아노를 조율하며 연주를 더욱 빛나게 만드는 조율사이지만 뒤에서 노력하고 애쓰는 역할을 할 뿐 청중들로부터 박수를 받는 것은 정작 무대 위의 연주자인 것이다. 그래서였을까. 피아니스트 조성진은 "선생님이 조율해 주시면 피아노 음에서 빛이 나는 느낌이 든다."고 감사의 뜻을 전했다. 세계적인 피아노 거장 크리스티안 지메르만도 2003년 내한 공연했을 때 연주회가 끝난 후, 완벽한 조율로 최상의 피아노를 만들어주었다고 그분에게 감사의 악수를 청했다고 한다. 조율사로서 의미 있고 보람을 느끼게 하는 결과이리라.

꽤 언짢은 전화를 받았다. 농담 반 진담 반으로 내뱉은 한마디를, 기다렸다는 듯이 낚아채어 본인의 뜻을 전달하고 은근히 의기양양해 하는 듯한 통화에 순간 당황이 되면서 불쾌한 감정이 일었다. 서로 믿고 격려해주는 사이라고 생각했는데 속마음이 드러나 보여 말문이 막혔다. 평소 인간적이고 돈독한 교류를 해왔다고 믿었던 믿음이 무너지며 나는 내가 쥔 것, 바로 상대방이 원하는 것을 귀찮은 듯 팽개쳐버렸다. 사람마다 추구하는 가치 척도가 다르니까 '그래. 네 뜻대로 해 봐.'라는 마음으로.

인간과 인간의 관계는 무엇으로부터 비롯되고 무엇 때문에 파탄에 이르게 되는 것일까. 또는 무엇으로 신뢰를 갖게 만드는 것일까. 나는 상대방의 일방적인 계산과 자기 합리화로 무턱대고 들이미는 바람에 두 손을 들었다. 통화가 끝나고 좀처럼 가시지 않는 화를 누를 길 없어 항변하는 문자를 장문으로 보내고, 친한 지인에게 넋두리 삼아 토해냈다. 그래도 남은 찌끼는 없어지지 않고 내내 앙금이 되어 남아 있었다. 하루 이틀 시간이 흐르면서 내 마음의 키를 눌러 조정하고 있는 나를 보았다. 그래, 그럴 수도 있겠지. 어차피 내겐 꼭 필요한 것은 아니니까.

나이가 들어가면서 자존심의 벽이 높아지고 매사 마음도 좁아지는 나를 돌아보면서 주변에서 무심히 내뱉는 평범한 말들이 가슴에 담길 때가 있다. 어느 셰프는 나를 낮출수록 마음이 편안해진다고 했다. 고개가 끄덕여진다. 강연장에서 연사들의 강연을 들을 때, 감성적인 노랫말을 음미할 때면 정말 쉽고 간단한 말들이 크게 다가온다. '괜찮니?', '걱정하지 마', '미안해', '사랑해', '잊어버려', '그럴 수 있어' 등등.

나는 그런 말을 일상에서 왜 쉽게 하지 못할까. 이제부터라도 희로애락을 격하게 표현하지 않고 담담하게 살아나가는 지혜가 필요한 것 같다. 마음속 밝은 꽃길도 넓혀가면서.

내 마음에도 피아노처럼 여러 갈래 줄이 있나 보다. 주위의 모든 것들과 올바르게 타협하며 멋진 길을 향한 키를 누르자. 마음의 평안을 주고 기쁨을 주는 건반을 누르며 조율해 보자. 내가 사랑하는 사람들과 더불어 복된 날을 살아갈 것을 기원하는 줄을 숨죽이며 잡아당겨 보자.

생각 위에 서다

숲에서 불어오는 바람은 분노의 함성을 머금은 듯 유리창까지 덜그럭거린다.

깊은 밤. 이런저런 생각으로 잠을 못 이루다 결국 침대를 벗어나 거실로 나왔다. 거실을 둘러보고 다시 안방으로 들어가 살펴보고, 연이어 서재로 들어가 본다. 주방의 수납장들도 열어본다. 무엇이 이리 많이 쌓여 있을까. 그동안 많은 걸 나눠주고 정리한다고 했지만 아직도 넘치게 남아 있다. 심지어 방긋 웃음을 주고 그리움에 빠지게 하는 가족들의 사진 액자까지도 모두 분류하여 제 집으로 돌려보냈다. 그리고 그동안 여행하면서 모은 오백여 개의 종과 소품들도 아들 집으로 보내면서 아우슈비츠수용소 근처에서 산, 작가가 직접 그림을 그려 넣은 종 하나만 남겼다.

그날, 아우슈비츠수용소를 보고 나오면서 미묘한 냄새에 휩싸여 기분이 울적했다. 돌아보는 내내 어디선가 독가스가 새어나올 것 같은 회색 건물들과 곳곳에 쌓여있는 유품들이 소름 끼치게 긴장감을 불러 일으켰다. 오래전, 어머니와 성지순례 중 독일의 나치에 의해 학살된 600만 명의 유태인을 추모하기 위해 예루살렘에 설립한 '야드 바셈' 추모관엘 간 적이 있었다. 이곳은 홀로코스트 박물관이 설립되기 이전에 세워져 유태인 대학살 관련 자료와 유품 등이 전시 보관된 곳이다. 어느 방엘 들어갔을 때 희생자 수백만 명의 이름과 사진들이 별처럼 채워져 있음을 보았다. 건강하고 아름다운 모습을 보면서 나치의 잔혹함에 가슴이 아렸다. 우리나라도 일제 강점기가 있었기에 더욱 마음에 가까이 다가왔다. 실제 나치의 학살 현장인 아우슈비츠와 야드 바셈에 별이 되어 걸려있던 희생자들의 사진이 오버랩되었다. 오랜 세월이 흘러 역사의 흔적으로만 남겨져 당시엔 처절하고 긴박했을 이곳이, 시간을 뛰어넘어 이젠 관광지가 되어 세계 각처에서 온 사람들로 북적거리는 것을 보니 마음이 야릇했다.

아우슈비츠를 나와서 넓은 민들레밭이 있는 길을 따라 걷는데 그 옆 조그만 가게 쇼윈도에 진열된 작은 종 하나가 눈에 띄었다. 붉고 푸른 물감을 흘린 듯 덧씌운 종으로, 말끔하거나 세련되진 않았지만 작가의 손길이 남아있는 느낌이라서 좋았다. 깨질세라 애지중지 잘 포장하여 집에 가지고 와서 장식장에 넣어놓고 보면서 가끔 그날의 기억을 떠올리곤 했다. 어느 것 하나 추억이 깃들지 않은 건 없지만 그중 가장 애착이 가는 종이었다.

내일을 위해 잠을 청해 보려고 침대에 다시 누웠다. 쉽사리 잠은 오지 않고 침대 뒤쪽에 놓인 디퓨저에서 뿜어대는 향에 머리가 지끈거림을 느끼며 신경이 쓰인다. 다시 벌떡 일어나 디퓨저를 서재로 옮겨 놓고 본다. 좋은 향기로 기분이 좋아지라고 가까이 놓아둔 건데 치워버리고 나니 오히려 개운한 건 왜일까. 내 주변에도 향기로운 사람들이 많다. 그러나 시간이 흐르면서 그 향이 너무 짙어 차라리 가까이 하고 싶지 않는 사람도 있다. 나는 어떤 향기를 내뿜고 있을까를 생각해 본다. 세상을 살아나가기에 바람직한 향기였으면 좋겠다.

살아오면서 주위에 많은 친구가 있지만 가끔 만나는 초등학교 친구들이 좋다. 그 친구들을 만날 때면 아득한 옛날이 되어버린 초등학교 시절로 되돌아가 깔깔댈 수 있으니까. 나이가 들다보니 옛 친구들도 좋고, 은은한 향기를 지닌 질리지 않는 친구, 그 향기에 휩싸여 고개가 숙여지는 친구, 오랫동안 내 손때가 묻은 골동품 같은 친구를 내 곁에 남기고 싶다.

K. 그녀는 골동품 같은 친구다. 그 누구보다도 40여 년 동안 내 얘기를 잘 들어주고, 나를 격려해주고, 믿고, 긍정의 힘을 나누어주고 있는 그녀는 보배 같은 존재다. 내게 어떤 상황이 오더라도 늘 내 곁에 든든하게 있을 것이라고 확신하며 나는

그녀에게 감사한다.

 어느새 달력은 마지막 한 장이 남아있고, 또 한 해를 마무리할 시간이 되었다. 누군가 오늘이 제일 젊은 날이라고 하지 않았나. 살아온 날을 뒤돌아보며 아쉬워하기보다는, 남은 앞날을 위해서도 밝은 꿈을 꾸어보자. 하루가 가면 또 하루가 밝아 오는 것에 감사하자. 내 가지에 매달린 예쁜 꽃들의 앞날을 축복하자. 햇살 따사롭고 꽃향기 그윽한 날, 편히 잠들기를 기도하자.

 숲에서 무섭게 몰아치던 바람은 가라앉은 듯, 속삭임으로 스쳐오는데 잠은 영 달아난 듯 눈만 커다래지고 깊은 상념想念에 빠져 새벽으로 다가가는 시간. 어느 노래의 노랫말이 왜 이렇게 가슴에 스며드는지….

> 나 이제 노을 길 밟으며
> 나 홀로 걷다가 뒤돌아보니
> 인생길 굽이마다 그리움만 고였어라
> ……………………….

카페 아저씨

내가 그 카페를 들어선 때는 한낮의 더위가 꼭지에 달하던 시각. S 대학 정문 맞은편에 즐비한 상가들 틈에 끼여 간판을 찾기가 어려웠는데 마침 젊은이 예닐곱 명이 일회용 컵을 손에 든 채 나오고 있어서 금방 찾을 수 있었다.

카페 문을 밀고 들어선 순간 멈칫했다. 문을 열자마자 코앞에 놓인 작은 탁자와 의자가 발걸음을 멈추게 했다. 여느 카페처럼 감미로운 음악과 꽃과 안락한 소파를 기대했던 나로선 우선 실망이 앞섰다. 좁은 공간을 최대한 활용하여 조그만 탁자 네 개, 벽에 붙인 다인용 긴 나무 의자와 맞은편에 덩치 큰 사람이 앉기엔 모자라는 크기의 의자 몇 개, 벽엔 흑백사진이 나름대로 주제별로 걸려 있었다. 그리고 거기에 미남은 아니지만 수더분하게 생긴 주인 아저씨가 검은 앞치마를 두르고 카운터 겸 조리대 앞에서 부지런한 손놀림을 하고 있었다. 손님은 나 혼자였다. 가운데 탁자에 앉아 주위를 빙 둘러보니 바로 앞 오디오에선 곡목을 알 수 없는 클래식이 흘러나오고 주변에 CD, 레코드판 등이 진열돼 있었다.

내가 자리 잡고 앉자 주인 아저씨는 빙긋 웃으며 코팅된 기다란 메뉴판을 건네주었다. 나는 찬찬히 메뉴판을 보며 수많은 커피의 종류와 갖가지 음료수의 명칭을 보고 놀랐다. 나는 커피를 좋아하지만 카페인 알레르기가 있어 일반 음료수를 시키려고 메뉴를 고르는데 '장미주스'가 눈에 띄었다.

"아저씨. 장미주스는 어떤 거죠?"

"그건 불가리아 식용장미인 다마카스를 농축시킨 액에 물을 희석한 건데 입 안에 머금고 2~3초 지난 후 목으로 넘기면 장미향이 온몸으로 확 퍼지는 느낌이 들어요. 특히 정신적으로 안정이 되면서 마음이 편안해져요."

낯익은 사람 대하듯 웃음 띤 얼굴로 설명을 해준다. 나는 이곳에 오기 전 주인 아저씨가 매우 인간적이고 묘한 매력이 있다는 사전 지식이 있었다. 가령 시험기간이면 교수님들은 무조건 공짜, 학생들은 메뉴를 몇 가지 정해서 50% 깎아 주고 4·19혁명 기념일이면 천 원씩 깎아 준다든지, 단골에겐 샌드위치도 새롭게 만들어 시식해 보라고 그냥 주기도 한다. 거의 연중무휴로 카페를 열지만 언젠가는 "12년 만에 아내와 애들을 데리고 3박 4일 동안 여행을 떠납니다."라는 쪽지를 붙여

놓고 며칠 동안 닫은 적이 있었는데, 단골손님들은 커피를 못 마셔 아쉽지만 아저씨로 보아선 잘한 일이라며 즐거운 마음으로 기다렸다 한다.

주문한 장미주스를 만들고 있는 아저씨에게 이것저것 물으며 말을 붙였다. 커피를 좋아하느냐는 나의 물음에 매일 커피 내음 속에 산다는 건 행복이라고. 그래서 늘 커피 원두를 갈며 새로운 메뉴를 개발해 본다고 했다. 카페아저씨는 열심히 이것저것 묻지도 않은 얘기까지 커피에 관한 자신의 의견을 피력했다. 짧은 시간의 대화였지만 카페 아저씨의 커피에 대한 열정, 꾸준히 연구하고 개발하는 자세는 어느 유명한 학자의 자세 못지않음을 느꼈다.

드디어 장미주스를 들고 나왔다. 브랜디 잔에 얼음을 동동 띄운 핑크빛 액체에선 정말 장미향이 풍겨 나왔다. 한 모금을 입 안에 머금고 한참 있다가 장미향을 음미한 후 목으로 넘겼다. 그의 말대로 온몸으로 장미향이 퍼지는 느낌은 아니었지만 기분은 좋았다. 한편 내가 마신 한 잔의 주스엔 장미꽃 스무 송이 정도를 농축시켰다는데 그 예쁜 장미를 단 몇 모금에 마셨으니 어쩌면 내 몸속에 장미 가시가 돋아날지도 모르겠다.

나는 좀더 오래 앉아있고 싶어서 비엔나커피를 한 잔 더 주문했다.

"아저씨, 비엔나커피와 카푸치노는 어떻게 달라요?"
"치노는 원래 이태리어로 '거품'이라는 뜻인데 에스프레소

커피 절반에 우유를 거품 내어 절반을 채운 뒤 시나몬을 조금 뿌리는 거고, 비엔나커피는 커피에 생크림을 휘핑하여 얹고 시나몬을 뿌려요. 근데 비엔나엔 비엔나커피가 없대요." 하며 웃는다.

"그럼 마실 때 스푼으로 휘저어서 먹어요? 아님 거품부터 마시고 아래쪽 커피를 마셔요?"

"애써 만들어 놓은 거품을 휘저을 건 뭐예요? 정답은 없지만 위의 거품부터 마시는 게 괜찮을 것 같아요."

이런 대화를 나누는 사이에 젊은이들이 들어와 주문을 하고 다 마시면 빈 잔을 직접 카운터에 옮겨 놓아주며 아저씨의 일손을 도와주었다. 손님과 주인의 관계를 떠나서 이웃처럼, 조카와 삼촌처럼 스스럼없이 지내는 것 같아 보기 좋았다. 안방에서 친구들과 정담을 나누는 것처럼 편안함 때문인지 마냥 더 앉아 기웃거리고 싶었지만 따갑던 햇살이 누그러지는 듯하여 집에 가 봐야겠다고 일어나서 계산을 했더니 비엔나커피는 서비스로 드렸다며 돈을 되돌려 준다. 난 그때까지 참느라 입이 간질거렸던 말을 꺼냈다. 여기 자주 들렀던 P를 아느냐고. 그랬더니 깜짝 놀라며 "네. 얼마 전 결혼했죠. 어머니세요?" 라고 묻기에 난 장모라고 밝혔다. 카페 아저씨는 환하게 웃으며 사위와 딸애에 대해서 칭찬을 했다. 요즘 보기 드문 바른 사람들이라고. 오랜 시간 카페 아저씨의 시간을 뺏는 것 같아 후일 친구들과 다시 오겠노라며 카페를 나왔다.

카페를 다녀온 후 이따금 엄마와 아가 손이 마주치는 흑백 사진이 떠오른다. 좁은 공간이었지만 아늑하고 따사로운 인정이 넘치는 카페의 훈훈한 온기와 핑크빛 장미향이 나를 휩싸곤 했다. 더욱이 딸애의 혼사를 치르고 나서인지 요즘처럼 마음이 허허롭고 누군가가 그리워질 땐 카페에 들러 주인아저씨의 수더분한 수다와 함께 진한 장미주스의 향기에 취해야 할까보다. 장미가시가 내 몸 여기저기로 튀어 나온다 할지라도.

추억을 마주하다

　미국에서 살고 있는 친구 부부가 20년 만에 한국을 방문했다. 나는 그들이 머무르기로 한 10일 중 2박 3일 동안 함께 여행할 계획을 세웠다.
　나랑 친구는 어린 시절 같은 동네에서 살았고 같은 교회, 같은 여고를 다녔다. 거의 매일 붙어 지내면서도 크게 싸우거나 토라져 말을 하지 않은 적이 없었던 것 같다. 고교시절 친구는 소프라노, 나는 알토 파트를 맡아 화음을 맞춰 교회 행사 등에서 이중창을 하곤 했다. 물론 어려운 곡이 아니고 찬송가나 당시 유행하던 포크송 따위였다.
　친구는 간호대로 진학하여 간호사가 되었고 나는 사범대를 졸업하여 교사가 되었다. 서로 직장이 달라지고 생활 반경이 바뀌면서 연락이 뜸해졌다. 내가 먼저 결혼을 했고 친구는 1년

뒤에 결혼하면서 바로 남편과 미국으로 떠났다. 서로 연락처를 주고받지 못한 채 헤어져 직장 생활에, 아이들 키우랴 바쁘게 지내면서 잊고 지냈다.

어느 날 문득 그 친구 생각이 났다. 어디서 어떻게 지낼까 궁금하고 너무 보고 싶었다. 고향의 아는 이들에게 물어 보니 온 가족이 미국으로 이민을 가서 큰언니만 서울에 계시다는 걸 알게 되었다. 어렵게 큰언니의 전화번호를 알아내 친구가 뉴저지에서 살고 있다는 소식을 들었다.

친구랑 직접 통화하던 날을 잊지 못한다. 친구는 내가 결혼 후 연락을 끊어버렸다고 섭섭해 하고 있던 터였다. 우리는 그간 지내온 서로의 생활을 얘기하고 오해를 풀었다. 그때부터 선물도 보내고 편지도 주고받으며 자주 안부를 물었다. 두 번인가 내가 뉴욕에 갔을 때는 뉴저지에서 달려와 나를 만나고 가기도 했다. 근래엔 카카오 톡이 연결되어 글도, 사진도 쉽게 주고받을 수 있어서 일상을 공유하며 가깝게 지내고 있다.

나는 친구 부부를 위해 2박 3일의 여정과 숙박, 식사 등을 꼼꼼히 챙기고 두 사람과 함께 강원도로 향했다. 친구는 차창 밖 풍경을 보면서 야트막한 산으로 둘러싸인 정경이 참 정겹고 아름답다고 눈물을 훔쳤다. 내 나라 땅에서 숨쉬고 맑은 공기를 마실 수 있음에 가슴이 벅차다고 했다. 많은 터널들이 뚫리고 차가 달리는 곧은 도로를 보면서 놀라고, 시골인데도 고층 아파트가 들어서 있어 옛 시골 모습을 찾아볼 수 없다고 놀라

워했다.

홍천으로 들어서자 맛집으로 알려진 식당을 찾았다. 칡냉면과 수육, 감자전이 나오니 한국의 맛, 고향의 맛이 느껴진다면서 맛있게 먹었다. 식사 후 공작산 수타사 산소 길을 걸으며 친구랑 나는 주변 경관을 둘러보는 것보다 쌓인 이야기보따리를 풀기에 바빴다. 그 시절 친구들, 교회 오빠들은 어디서 어떻게 지내고 있을까. 어리숙하고 부끄럼 많던 C는 지금 캐나다 밴쿠버에서 호텔을 운영하며 부자로 잘살고 있다는 소식, 친구를 좋아했던 K는 안과의사가 되어 지금도 안부를 묻고 지낸다는 등 우리 둘만 통하는 이야기가 이어졌다.

숙소인 리조트로 들어와서도 한국 사람들이 추진력이 좋고 머리가 좋아서 이런 대단지를 조성하고 운영하나 보다고, 한국 사람들이 정말 잘사나 보다고 감탄을 했다. 아마도 친구 부부는 오래전 한국을 떠날 무렵의 모습이 남아있어서이리라. 친구랑 화음을 맞춰 함께 불렀던 옛 노래, 〈등대지기〉, 〈유 아 마이 선 샤인(You are my sunshine)〉을 부르며 마주본 친구의 얼굴엔 긴 세월이 묻어 있었다. 머나먼 이국땅에서 얼마나 외롭고 힘들었을까를 생각하니 눈물이 나왔다. 친구 남편은 멀찌감치 앉아 우리 둘만의 시간을 갖도록 해주었다.

다음 날은 오대산 월정사를 찾았다. 신라시대 창건했다는 월정사를 둘러보고 입구 쪽으로 내려와 전나무 숲길을 걸었다. 아직 잎이 돋기 전의 모습이었지만 쭉쭉 뻗은 나무 사이로 쏟아지는 햇살이 빛났다. 숲길 중간, 중간에 쌓아 올린 돌탑, 다람쥐가 먹이를 찾아 폴짝대며 뛰어다니는 모습이 정겨웠다. 수령 600년이 된 전나무가 부러져 기둥만 고사상태로 남아있는 모습을 보며 안타까워하기도 했다.

근처 전통 찻집에 앉아 젊은 시절 마셨다는 추억의 쌍화차와 대추차를 앞에 놓고 옛이야기는 끝이 없었다. 본인들이 미국에서 살아온 50년 동안 한국은 선진국 대열에 들어섰다면서 한국에 대한 자긍심이 생겨 어디서도 자랑스럽게 '코리안'이라고 할 수 있다고 했다. 그러나 미국에서는 미국 사람이 아니고, 한국에 오니 한국 사람도 아닌 것 같아 씁쓸하다고 말하는 친구 남편의 모습이 짠했다.

친구 부부는 내년에 또 오겠다고, 내게도 꼭 미국에 오라고 하면서 함께 보낸 시간을 소중히 안고 한국을 떠났다. 가는 곳마다, 보는 것마다 발전된 모습에 놀라며 흐뭇해하던 친구를 보면서, 내 나라 내 땅에서 많은 것을 당연히 누릴 수 있는 상황으로 받아들이며 살고 있는 나를 돌아보게 되었다.

지금쯤 친구는 심성 좋고 아내를 살뜰히 아끼고 보살피는 남편과 미국으로 향하는 비행기에서 아름다운 강산, 내 나라를 가슴에 담고 있으리라.

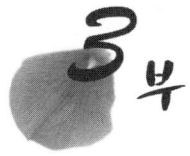

3부

아이구, 내 새끼…
꽃 같은 나이
워낭 소리를 따라서
어화둥둥 내 사랑아 Ⅱ
겨울 여행
고향길
투정부리고 싶은 날
산다는 것은

아이구, 내 새끼…

"왜 서로 먹지?"

한창 인기리에 방영되던 드라마에서 남녀 주인공의 열렬한 키스신을 보던 민영이가 무심코 던진 말에 우리는 웃음이 빵 터졌다. 입맞춤하는 게 서로 먹는 것으로 보였나 보다.

외손녀인 민영이는 네 돌이 가까워 온다. 갸름한 얼굴에 맑은 눈동자, 두루뭉술한 코, 앞니에 뾰족한 송곳니 하나가 더 자리 잡은 특이한 치아 구조는 민영이를 장난꾸러기로 보이게 한다.

"민영아, 오늘 어린이집에서 뭐하고 놀았어?"

"승호랑, 라임이랑 소꿉장난하는데 규태가 나를 보고 환하게 웃어요."

네 살짜리 계집아이는 나중에 규태랑 결혼한단다. 에구, 그런 말은 섣불리 하는 게 아닌데.

인간의 기억은 어디서부터 시작될까? 나는 네 살 때의 기억이 첫 기억이다. 엄마는 나에게 보랏빛 꽃무늬가 있는 포플린으로 원피스를 만들어 입히고 교회에 데리고 갔다. 저녁 예배였는지 희뿌연 백열등이 켜진 예배당 안은 좁았지만 의자 없이 바닥에 앉은 교인들은 꽤 많았던 것 같다. 목사님 설교가 끝나고 나는 단상으로 올라가 노래를 불렀다. 지금 생각하면 특송이었다. 소개하시는 분은 나를 꼬마 가수라 했고, 나는 두 손을 꼭 쥐고 고개를 좌우로, 무릎을 굽혔다 폈다 하며 무슨 내용인지도 모른 채 또박또박 부르고 웃음소리와 박수소리를 들으며 단을 내려왔던 기억이 난다.

초등학교 들어가기 전이니까 대여섯 살쯤이었을까. 집에 딸린 넓은 텃밭에는 사철 온갖 채소가 풍성했고 주변의 감나무, 대추나무, 앵두나무에 얽힌 잊히지 않는 에피소드는 오래도록 내 추억 상자에 소중히 자리 잡고 있다. 특히 어른들이 부르는 대로 따라 불렀던 '김샌'은 지게를 지고 다니며 온갖 허드렛일을 하던 할아버지 머슴이었는데 가끔 뒤꽁무니를 졸졸 따라다니며 지게에 태워 달라 졸라대기도 했었다. 장가를 갔었는지, 가족이 있는지는 몰랐지만 식사 후면 그늘에 앉아 바싹 야윈 체구에 앞니가 한두 개 빠진 채 기다란 곰방대에 연초를 꼭꼭 눌러 피며 먼 하늘을 바라보던 선하디 선한 김샌이 가끔 생각난다.

눈이 유난히 예뻤던 외할머니는 깨끗이 손질한 모시 한복으로 갈아입고 나를 데리고 이모할머니 댁으로 나들이 가셨다. 잔치를 앞두었는지 솜씨 좋은 외할머니는 여러 날 머무르시면서 유과랑 약과도 만들고 오징어로 공작새랑 여러 모양의 꽃들을 오리셨다. 지금의 민영이만 했던 나는 그 곁을 생쥐처럼 들락거리며 집어 먹던 음식의 부스러기 맛을 지금도 잊을 수가 없다.

민영이는 자라서 나의 어떤 모습을 기억하게 될까. 어느 날 민영이 자전거에 다쳤을 때 가슴 조이며 병원으로 달려갔던 내 마음, 늘 건강하고 몸도 마음도 예쁘게 자라기를 바라는 내 마음을 알까. 민영인 소중한 것은 자기 생각주머니에 꽁꽁 넣어둔다고 하던데 좋은 기억을, 무엇보다 내가 저를 하늘만큼 땅만큼 사랑했었다는 것을 담아두었으면 좋겠다. 가끔 어린이집 차량을 타고 귀가하는 민영이를 마중나가면 함께 동승한 선생님께 "우리 할머니 최고로 멋져요." 하며 차에서 내린다. 어깨를 으쓱하면서.

"아이구, 내 새끼…."

요즘엔 아이돌 가수들의 한류 열풍이 있는가하면, 할아버지, 할머니들의 손자 교육으로 '할류 열풍'이 분단다. 누구나 내 새끼는 천재로 보이고 최고로 잘나 보여서, 친구들과 만나면 손자 자랑 일색인데 나도 예외 없이 그중의 하나인가 보다. 손가락을 펴 보이며 하나부터 열까지 세는 것도 그렇고, 열셋

다음에 열다섯으로 건너뛰어도 대견하다. 〈겨울왕국〉의 엘사가 부르는 〈렛잇고〉를 엉터리로 따라 부르는 걸 봐도 그저 예쁘기만 하다.

며칠 전엔 같이 놀다가 잠시 쉬려고 비스듬히 앉아 있었는데 내 곁으로 다가온 민영이 갑자기 내 배를 만지더니 "할머니, 뱃속에 애기 들어있어요?" 했다. 화들짝 놀라 자세를 고쳐 앉으며 아랫배에 힘을 꽉 주고 집어넣으며 "아냐, 아냐."를 연발해 보았지만 민영의 눈은 여전히 내 배를 보며 확신에 찬 눈초리를 보였다. "아냐. 정말 아냐." 고개를 가로저으며 말하는 내 목소리는 기어들어가고 있었다. 에구~ 살을 좀 **빼야겠네**.

어느 날은 제 에미가 몸이 아프다고 방에 들어가 누워있는데 민영이 조용히 들어오더니 머리맡에 무언가를 놓으며 "엄마, 내가 여기 놔둔 걸로 엄마 사고 싶은 거 사세요. 비싼 걸로." 그것은 백 원짜리 동전 한 닢이었다.

아이구, 내 새끼….

꽃 같은 나이

"네 나이가 몇이냐?"
"쉰아홉이요."
"꽃 같은 나이로구나."
"내 나이가 꽃 같은 나이라구요?"

어느 날, 어머니를 모시고 교회에 다녀오는데 아흔다섯 살이신 어머니는 육십을 바라보는 나에게 꽃 같은 나이라며 부러워하시는 걸 보고 나는 어이없어 웃었다.

내 나이 쉰아홉. 정말로 꽃 같았던 시절은 언제였을까. 어린 시절, 삼남매의 막내였던 나는 언니와 오빠가 열 살 이상의 나이 차가 있어서 다른 집처럼 허물없이 뒤엉켜 장난도 치고 싸우기도 하는 자매나 남매 사이는 아니었다. 오히려 삼촌이나 이모 같은 분위기였다고나 할까. 그래서인지 나는 친구들을 좋아해서 친구들과 보내는 시간이 많았다. 초등학교 삼학년 때 다섯 명의 단짝 친구를 만들어 각자의 생일이면 모여서 작은 생일파티를 했다. 우리는 생일인 친구에게 책 한 권을 선물로 주었고 생일을 맞은 친구는 과자나 빵을 준비했었다. 맨 처음 내가 생일선물로 받은 책은 《소공녀》였다. 주인공인 세라 크루가 부잣집 딸이어서 공주 대접을 받다가, 아버지가 다이아몬드 광산을 찾는 사업이 실패하고 돌아가셨다는 소식이 전해지자 지붕 밑 방으로 쫓겨나 하녀 노릇을 할 때는 같이 슬퍼했는데, 나중에 아버지 친구가 세라 아버지 몫의 재산을 가지고 나타났을 때의 후련함이란…. 어린 시절 세라의 반전되는 삶을 보며 울고 웃었다. 그리고 《소공자》, 《알프스의 소녀》, 《목장의 소녀》 등을 읽으며 소설 속의 주인공이 되어 보기도 했었다.

고등학교, 대학교를 거치면서 여느 여학생들처럼 적당히 센티멘털리즘에 빠져 혼자 여행도 다니고, 사회단체에서 봉사활동도 했다. 연극도 하고 싶어서 휘황한 스포트라이트를 받으며 금발머리에 빨간 드레스를 입고 무대에 섰다. 가난한 집안 형편 때문에 아르파공 영감에게 시집가지 않으면 안 되는 상황에서 그의 아들인 클레앙트와 사랑에 빠져 갈등하는 몰리에르의 〈수전노〉에서 마리안느 역으로. 마지막 공연이 끝난 후, 텅 빈 객석과 조명이 꺼져버린 무대를 보며 형용할 수 없이 허허로웠던 마음이 바로 엊그제였던 양 다가와 선다.

대학 졸업 후, 시골 고등학교에서 교편을 잡다가 결혼하여 애들을 낳고, 키우고, 딸, 아들 결혼 시키고 나는 어느새 흰머리의 할머니가 되었다. 이젠 낯선 사람이 '아줌마'보다는 '할머니'라고 부르는 횟수가 더 많아진 걸로 보더라도 분명히 할머니다.

내 젊은 시절 꿈꾸어 왔던 삶이 이제 새로운 부러움으로 자리를 옮겨 잡는다. 내 나이 또래의 성공한 커리어우먼이 부럽고, 몸도 마음도 여유로운 마나님들이 부럽고, 제대로 멋진 연애 한번 못해 본 나이기에 늘 연애하듯 소곤대며 사는 딸 내외가 부럽고, 아직 때 묻지 않고 천진난만한 다섯 살 손자와 두 살 손녀가 부럽고, 꽃이 예쁘게 피었다고, 비가 내린다고, 하얀 눈이 흩날린다고 가슴이 뛴다는 친구가 부럽고, 은발의 부부가 다정하게 팔짱끼고 걷는 모습이 부럽다. 아흔다섯 살의 연세에 핑크빛 모자와 핑크색 투피스를 입어 멋을 부리고, 손자들에게 유머와 재치로 인기가 많으신 어머니가 또한 부럽다.

그런데 어머니는 예순이 가까워오는 나의 젊음(?)이 부럽단다. 하긴 육십 년 세월을 소회所懷하는데 단 몇 시간도 걸리지 않는 걸 보면 아직도 많은 세월을 더 살아도 되나 보다. 내가 어머니 나이가 되었을 때 나는 내 딸을 부러워하고 내 딸은 할머니처럼 몸도 마음도 멋지게 늙어가는 나를 부러워할까?

거울 앞에 섰다. 흰머리, 탄력을 잃은 피부, 두세 겹의 쌍꺼풀로 덮인 눈. 그 위로 꽃 한 송이가 겹쳐지며 꽃 속의 얼굴이 빛난다. 아! 나는 이제부터 꽃 같은 나이가 시작되는 것이다. 새로운 내 꿈을 펼쳐 나갈 수 있는 시간이 나를 손짓한다.

워낭 소리를 따라서

　할아버지의 투박하고 갈퀴 같은 손엔 워낭이 들려 있었다. 손바닥 가득 작고 청량한 방울소리가 울려 퍼졌다.
　경북 봉화 마을에 여든 살 할아버지와 일흔일곱의 할머니, 그리고 마흔 살이 된 늙은 소가 살았다. "저 놈의 영감은 농약도 안 치고 기계농사도 안 된다 하고 그저 나만 부려먹는다."며 구시렁대면서도 할아버지를 그림자처럼 따라다니는 할머니. 할아버지의 얼굴은 밭이랑처럼 골이 파이고 푸석한 흰머리에 몸은 야위어 뼈만 남았다. 게다가 어릴 적 잘못 맞은 침으로 다리 한쪽의 힘줄이 어긋나 한쪽 다리를 절며 지팡이에 의지해 걷는다. 늙은 소는 할아버지의 자가용이고 길 안내자다. 소에 매어 놓은 낡은 리어카에 앉아 논밭으로, 시장으로 다닐 때면 할아버지가 한숨 잠들어도 갈 길을 알아서 간단다. 할아버지에게 소는 자식이었다. 논밭에서 일할 때 새참을 내오면 당신 먹는 대로 쌀밥도 먹이고 막걸리도 한 사발 먹인다. "사료를 먹이면 편할 것을 나 힘들게 하려고 꼴을 베어 먹이고 쇠죽을 끓여대게 한다."고 잔소리를 하는 할머니의 핀잔은 듣는지 못 듣는지 반응을 전혀 안 보이다가도 소의 '움메' 소리엔 눈을 번쩍 뜨고 소를 살핀다.

소도 할아버지를 닮아 가죽과 뼈만 남았다. 할아버지의 불편한 걸음걸이만큼이나 힘들고 느린 걸음이다. 할아버지는 성치 않은 다리 때문에 기어 다니면서 논밭을 간다. 소가 힘이 없어 나무 그늘에 앉아 있으면 할아버지는 푸념 한마디 없이 손수 쟁기질을 하고 손으로 일일이 모를 심는다. 기계로 척척 모를 심는 옆 논을 보면 할머니는 부럽기만 하다. 그러나 할아버지는 아랑곳하지 않는다.

할머니와 자식들의 성화에 못 이겨, 할아버지는 우시장에서 젊은 소를 한 마리 사오고 늙은 소를 내다 팔기로 한다. 소를 팔러 가는 날. 말없이 쓰다듬는 할아버지의 마음을 느끼는지 소는 눈물만 흘릴 뿐 순순히 따라 나선다. 우시장에 온 할아버지는 다 죽어가는 마흔 살의 소를 오백만 원에 팔겠다고 한다. 당연히 살 사람이 없었다. 할아버지의 평소 모습은 어수룩해 보였지만 이번엔 나름대로 이렇게 야무진 계획을 세웠나 보다. 못 이긴 척 소를 다시 데리고 돌아온 할아버지는 소의 수명이 거의 다 됐음을 수의사로부터 듣는다. 12월 어느 날, 소는 일어서질 못했다. 마지막 가는 소의 눈에선 눈물이 흘렀고 할아버지는 기운이 쇠해가는 소를 보며 그 긴 세월 묶여있던 코뚜레를 빼고 워낭을 풀어 주었다. 마당 한켠에 가득 쌓인 겨우살이 땔감은 할아버지, 할머니를 위한 늙은 소의 마지막 효도였을까. 소가 떠난 후 자꾸만 앓아눕는 할아버지를 보며 "아이구, 저 영감 가면 나도 가야지. 나 혼자 어떻게 살아." 하시는 할머니의 넋두리가 가슴을 파고든다.

나는 평소에 다큐멘터리 유는 잘 보지 않았다. 보았던 게 있다면 기껏해야 TV에서 방영되는 자연, 혹은 어떤 사건의 진상을 규명하는 따위였다. 하지만 〈워낭 소리〉라는 영화가 매스컴을 통해 연일 늘어나는 관객 수와 매우 감동적이라는 보도를 접하고, 보고 싶은 마음이 생겼다. 역시 마음을 움직이는 다큐멘터리였다. 유명한 배우도 아닌, 그냥 평범한 촌로와 마흔 살의 소가 주인공으로, 화려하게 꾸며낸 상업 영화도 아니다. 그런데도 계절마다 바뀌는 농촌 풍경과 매일같이 맞닥뜨리는 일거리, 늘 고된 나날이지만 기계를 마다하고 묵묵히 소와 함께 살아가는 할아버지. 농촌의 일상을 담은 화면들이 어찌 그리도 아름다운지 내 마음 깊은 곳에선 잔잔한 파문이 일었다.

소는 수명이 열다섯 살 정도라고 한다. 마흔 살의 늙은 소는 할아버지와 함께 삼십 년 세월을 동고동락하며 구남매를 키워 내고 출가시키는 데 큰 몫을 했다. 간간이 전달되는 소와 할아버지 간에 오가는 사랑에 가슴이 훈훈해지며 눈시울이 뜨거워지는 것을 느꼈다. 늙은 소는 갔지만 어김없이 봄이 오는 들판을 바라보며 힘없이 앉아 있는 할아버지의 뒷모습이 엔딩 장면이었다. 나는 한참을 그냥 앉아 있었다. 할아버지가 다시 일어서는 모습을 보고 싶었다. 올라오는 자막을 보며 내 마음속에서나마 할아버지를 기어코 일으키기로 했다.

내게도 같이 늙어가면서 워낭 소리를 내고 있는 소가 있다. 오랜 세월 기쁨과 고통을 같이 해 오는 늙은 소. 끊임없이 지칠 줄 모르고 달리고 있는 그의 목에서도 언제나 워낭 소리가 들린다. 때로는 맑고 아름답게, 때론 처절하게…. 그러나 나는 할아버지처럼 따뜻하게 온 마음으로 사랑하지는 못했다. 할퀴기도 하고, 채찍질도 했고, 아파해도 어루만져 주지도 않았다. 날로 앙상해가는 내 마음의 소에게 언제쯤 워낭을 풀어줄 수 있을까. 할머니처럼 나도 구시렁대며 불만을 토로하고만 있어야 할까. 더 늦기 전에, 더 지치기 전에 풀어 주어야 할 것 같다. 힘없이 망연자실한 채 앉아있는 할아버지가 되지 않으려면. 내 앞에서 자유로워지는 소를 보며 희망을 볼 수 있고 마음의 평안도 느낄 수 있지 않을까.

어화둥둥 내 사랑아 Ⅱ

"많이많이 사랑해요."

화사한 봄날. 그는 환하게 웃으며 길가에 핀 노오란 민들레 꽃을 내 손에 쥐여주면서 내 귓전에 간지러운 미풍처럼 불어 넣어준 말입니다. 이럴 때면 그를 향한 나의 사랑은 불꽃처럼 타오릅니다. 그를 만난 지 4년이 되어가는데 몸도, 마음도 많이 자란 그는 완전한 왕으로 군림했습니다. 그의 말은 곧 법이 되었고, 나를 꼼짝 못하게 만드는 그는 나의 왕입니다. 안아달 라면 안아주고, 보채면 달래주고, 어딘가 가길 원하면 같이 가야 하는 나는 행복한 시녀입니다.

지난겨울은 유난히 눈이 많이 내렸지요. 새해 첫날 그의 가족과 근교로 여행을 떠났습니다. 가는 길에 스키장에서 눈썰매도 신나게 탔지요. 도착한 숙소는 산자락 아래 자리 잡은 우아한 유럽풍 펜션이었습니다. 저녁식사로 앞 베란다에서 어둠 속에 내리는 눈을 보며 숯불 바비큐를 즐기며 사르륵사르륵 쌓이는 눈 속에 정감 넘치는 시간을 보냈답니다. 아침이 밝아와 창문을 열었더니 밤새도록 쌓인 눈 위로 여전히 눈은 펑펑 쏟아지는 것이었습니다. 온 세상이 은세계였습니다. 우리는 아침식사를 하고 출발할 예정이었는데 차량이 통제되어 나갈 수가 없었습니다. 나는 걱정이 앞서 내리는 눈이 원망스럽기까지 했지요. 그러나 그는 신이 났습니다. 함께 동행한 그의 장난꾸러기 외삼촌과 눈이 뭉쳐지지 않는다고 물을 뿌려가며 눈사람을 만들고 무릎까지 빠지는 눈밭에서 펄쩍펄쩍 뛰다가, 눈 위에 드러눕다가 하는 게 영락없는 두 마리 강아지였습니다. 그러던 그는 하얗게 내려 쌓인 눈을 보며 "눈[雪]에게 마음을 빼앗겨버렸어요." 하는 게 아니겠어요? 그럼 그를 향한 내 마음은 어쩌라구요? 하긴 그의 사랑 순위를 보면 언제나 첫째, 둘째는 부모이고 다음 차례는 기분에 따라 정해지는 것을 보면서 차마 묻지 못합니다. 난 그의 마음을 사려고 온갖 애를 다 쓰지요. 그가 좋아하는 선물도 사주고, 근교로 드라이브도 가고, 맛있는 것도 같이 먹고….

어느 날, 같이 차를 타고 가는데 텔레비전 드라마에서 호란이 불렀던 노래가 흘러나오자 조용히 듣고 있더니 "저 노래는 따뜻해요."라고 하더군요. 노래가 따뜻하다는 그는 로맨티스트인가 봐요. 하늘의 구름을, 밤하늘의 별을, 심지어 길가의 풀꽃까지도 그냥 지나치지 않습니다. 때론 내가 피곤해 보인다면서 내 어깨를 주물러줍니다. 나는 '아이, 간지러워.'가 터져 나오려는 걸 간신히 참고 "아이, 시원해."를 연발합니다. 그러면 신이 나서 온몸을 간질이며 몸을 비틀어 대는 나를 보고 웃어댑니다. 아! 하루 스물네 시간이 짧다 할 정도로 온통 그의 생각뿐이니 아무래도 내가 큰 병에 걸렸나 봅니다.

그는 아주 건강합니다. 무엇이든지 잘 먹거든요. 장어구이, 데친 낙지, 생선회, 청국장 낫또, 알배기 굴비 등등 죄다 스테미너 식食이죠? 아참. 국수 종류는 가리지 않고 다 좋아해요. 그리고 양치 후 꼭 집어먹는 죽염 두 알. 참 신기하기까지 합니다. 그래서인지 잠시도 쉬지 않고 몸을 움직이고, 운동이란 운동은 모조리 흉내를 낸답니다. 축구, 야구, 씨름, 스케이트, 봅슬레이까지도….

그런데 그에게 한 가지 아쉬운 게 있어요. 'ㄹ' 발음이 서툴러요.

"공원에서 만두 봤어요."

"공원에서 만두를?"

아하! 공원에서 '말도 봤다'는 말이죠. 파양(파랑), 따야와(따라와), 면치(멸치), 선문(선물), 몬나(몰라), 빤내(빨래), 온네(올레!)…. 이걸 누가 알아듣겠어요? 그래도 나는 그가 대견하고 귀엽기만 합니다.

그의 부모는 방해꾼입니다. 모처럼 휴일이 되어 오붓한 시간을 가질라치면 가족 스케줄을 잡아 떼어놓는답니다. 또 그가 원하는 걸 들어주려 하면 낯빛이 달라지며 나를 힐난하듯 바라봅니다. 자식에 대한 사랑을 무기로 내게 왜 그리 심하게 대하는지, 참 너무합니다. 그래도 그의 부모인지라 함부로 대할 수도 없어 그냥 참습니다. 삼십 년쯤 뒤면 당신들도 내 마음을 알겠죠. 그때 나에게 너무 심했다고 후회해봐야 소용없지만 말입니다.

오늘도 아쉬운 마음을 뒤로하고 그의 집을 나오는 나의 등 뒤로 삼십구 개월짜리 사내아이는 온 동네가 떠나가도록 소리칩니다.

"한머니!(할머니) 많이많이 샤양(사랑)해요. 내일 샤탕(사탕) 꼭 샤오세요."

겨울 여행

그녀는 해맑게 웃으며 내게 다가왔다.
"점심 함께 먹을까요?"
그녀의 제안에 고개를 끄덕이며 앞서가는 그녀의 뒤를 따랐다.

나는 어느 날 갑자기 날아온 낭보朗報에 내 인생 최고의 기쁨을 누렸던 시간들이 서서히 사위어가던 날, 본래의 자리로 돌아가기 위한 발돋움으로 혼자 패키지 버스여행을 신청하고 안동으로 출발하는 버스에 올랐다. 끼리끼리 출발하는 팀들에 섞여 눈이 날리는 창밖 풍경을 감상하고 앞뒤 일행들의 떠들썩한 담소를 엿듣기도 하면서 모처럼 몸도 마음도 편안해짐을 느꼈다. 여행 일정에 따라 내려서 돌아보고, 또 버스는 달리고…. 그러는 과정에서 얼굴이 유난히 하얗고 가녀린 아가씨가 혼자 왔는지 말없이 일행들 뒤를 따라오는 게 눈에 띄었다. 간혹 나와 눈이 마주치면 눈웃음을 보내기도 했다.

안동 하회마을에 도착하니 가이드는 이곳에서 점식식사를 자유롭게 하라고 하면서 여기서는 대체로 1인분 식사를 하기가 어렵다는 말을 덧붙였다. 안동은 간고등어와 안동찜닭이 알려진 음식인데 음식 특성상 1인분으로 나눠 내놓기는 어렵다는 것이었다. 어떻게 할까 망설이는데 그 순간 그녀가 함께 식사하지 않겠느냐고 말을 건넸던 것이다.

우리는 식당으로 들어가 안동찜닭과 간고등어구이 세트를 주문하고 음식 나오기를 기다렸다. 우연히 맺어진 식사 메이트라서 선뜻 무슨 대화를 해야 할지 몰랐고 딱히 나눌 대화도 없었다. 그녀도 나처럼 홀가분한 여행을 좋아하나 보다 정도의 생각만 있었을 뿐. 그녀는 젓가락으로 간고등어를 발라놓기도 하고 찜닭의 양념이 맛있다고 하면서 스스럼없이 식사를 했다. 식사가 끝나갈 무렵 그녀는 뭔가 망설이는 듯하다가 말을 꺼냈다. 식사 후 담배를 피워도 되겠느냐고. 순간 젊은 여자애가 흡연을 한다니 마음속으로 놀랐지만 초면이고, 어떤 부류의 사람인지 몰라서 태연한 척, 좋을 대로 하라고 했다. 그래도 한마디하고 싶어 이쁜 아가씨가 건강을 해치는 담배를 왜 피우느냐고 물었다. 그녀는 어색하게 웃으면서 치료를 위해 담배를 피운다는 어이없는 말을 남겼다.

식사를 마치고 옆의 카페로 자리를 옮겨 차를 마셨다. 밖에서 담배를 피우고 들어온 그녀는 묻지도 않은 얘기를 시작했다. 3년 전부터 조울증을 앓고 있다고. 우울증보다 더 위험해서 다니던 직장도 그만두고 치료를 받는 중이고, 가끔 이렇게 여행도 하면서 마음을 안정시킨다고 했다. 전혀 예기치 못했던 말에 놀라서 이 아가씨 앞에서 함부로 말을 뱉어서는 안 되겠다는 생각이 퍼뜩 들었다. 조울증이라면 정신과에서 양극성 장애라고 불리는 조증과 울증 사이에서 보여지는 기분변화라고 한다. 우울증상이 나타나 시무룩하게 가라앉아 있다가 조증으로 바뀌면서 활달해지고 지나치게 활력이 넘치는 현상이 나타난다. 그녀는 치료의 방법 중 하나로 긴장을 풀기 위해 코로 크게 숨을 들이쉬고 내쉬는 심호흡을 하는데 담배를 피우면서 이 심호흡을 하면 도움이 된다는 것이다. 얘기를 듣고 난 후 건강상 이유라 하니 안쓰러운 마음이 들었다.

그녀는 처음 본 나에게 마치 이웃인 양, 친구인 양 그녀의 생활을 쏟아냈다. 때론 방안에서 혼자 울부짖기도 하고 오랜 시간 엎드려 기도도 한다고. 그나마 남자 친구가 모든 것을 알고도 떠나지 않고 많은 도움을 주고 있다니 다행이었다.

나는 홀가분한 혼자만의 여행을 하지 못하고 뜻밖에 맞닥뜨린 그녀의 상황이 무겁게 나를 눌렀다. 내가 어쭙잖게 위로랍시고 해주는 말이 그녀의 심리 상태에 어떤 영향을 줄까봐 조심스러워 대수롭지 않은 일상적인 대화만 나누었다. 빨리 완쾌되어 복직도 하고 남자 친구랑 결혼도 하라고.

　여행을 마치고 서울로 돌아와 뿔뿔이 흩어지는 시간. 그녀는 활짝 웃으며 내게 손을 흔들어주고 어둠 속으로 빨려들어갔다. 당연히 이름도 묻지 않았고 나도 담담하게 돌아섰다. 그러나 내 마음을 마구 휘저어놓은 듯 그녀의 잔영이 눈앞에서 맴돌았다. 그저 소극적인 방관자가 되어 그녀의 아픔을 어루만져주고 토닥거려줄 너그러움이 내겐 없었다는 것이 부끄러웠다. 오늘 여행은 들떴던 나를 잠재우고 새해 새 다짐도 다지기 위해 출발한 혼자만의 여행이었는데 종일 그녀의 굴레에서 벗어나지 못했다. 그뿐만 아니라 내 바람에 한 가지가 더 보태졌다. 가파른 젊음의 언덕을 힘겹게 오르고 있는 그녀가 건강을 되찾고 밝은 모습으로 사회의 일원이 되어주기를 바라는 것.

　살다 보면 최고의 기쁨도 잠깐이고, 마음 아픈 상처도 언젠가는 치유되기 마련이다. 조급한 마음보다 서두르지 않는 기다림으로 지나고 보면 어쨌거나 인생은 해피엔딩이다.

고향길

오늘도 이른 아침 H가 보내온 동영상을 보며 아침을 시작한다. "누나, 오늘도 행복하시길." 문자와 함께 사라사테의 〈지고이네르바이젠〉을 보내왔다. H는 거의 매일 장르를 불문하고 클래식, 팝송, 가요나 가곡을 보내주고 때론 본인의 그림과 시도 보낸다.

H는 화가, 시인으로 활동하면서 광주 양림동에서 미술관을 운영하고 있다. 어린 시절 이웃에 살면서 가족처럼 지냈기에 그곳을 떠나온 지금도 연락을 주고받는다. 언젠가 광주를 떠나온 지 오십 년이 되어 내가 살던 곳이 어떤 모습으로 남아있을까 궁금하다고 했더니 H는 한번 내려오시면 안내해 드리겠다고 했다.

마음먹고 날을 잡아 새벽에 길을 나섰다. H도 만나고 나의 청춘시절을 보낸 나의 터를 돌아보고 싶어서. H의 미술관에 도착했을 때 그는 예쁘장한 아내랑 기다리고 있었다. 아담하고 따스한 공간에 H 특유의 붓터치로 푸른 바탕 위에 강렬한 붉은 꽃이 그려진 작품이 전시되어 있었다.

H는 그동안 맹렬하게 살아온 삶에 휴식을 주고 싶어 2년 전 안식년을 맞아 조지아의 트빌리시로 날아갔단다. "일 년 내내 아무도 모르는 곳에서 하루 한 장의 그림, 한 편의 시를 썼어요. 너무 힘들긴 했어도 지금은 그 시간이 그립네요."라고 했다. 그는 트빌리시에서 작업한 그림과 시를 모아 시화집을 발간했다면서 내게도 한 권을 주었다.

그 지역 터줏대감인 H의 안내를 받아 내가 꿈에도 그리던 길을 따라 걸었다. 어린 시절 교회로 가는 언덕길엔 플라타너스가 줄지어 서 있었고 언덕을 내려가자마자 내가 살던 집이 있었다. 그러나……. 커다란 잎사귀로 그늘을 만들어 주어 땀을 식히며 걸을 수 있었던 여름. 가을이면 왕사탕 같은 둥근 열매로 친구들과 장난질하며 뛰어다니던 플라타너스 언덕길은 자취도 없이 시멘트로 포장된 좁은 골목길로 변해버렸고 빨간 벽돌로 지어진 교회는 아파트에 둘러싸여 새롭게 신축되어 동그마니 서 있었다. 내가 살던 집터도 흔적도 없이 조그만 공원이 자리 잡고 있었다. 오십 년 세월에 이렇게 변해버렸을까. 어쩌다 꿈속에서 보였던 옛모습을 이젠 마음속에 담아두어야 하나 보다.

꿈을 아느냐 네게 물으면
플라타너스
너의 머리는 어느덧 파아란 하늘에 젖어 있다.
....

그때는 김현승 시인이 바로 이웃에 살았던 것도 모른 채 〈플라타너스〉를 애송하며 다녔는데 시인도 그 언덕의 플라타너스를 보고 시를 썼던 것일까?

동네를 돌아보니 기와집, 초가집들이 모여 있던 곳도 커다란 아파트 단지로 바뀌어 내가 어린 날 뛰어다니던 꽃길도 자취조차 없었다.

1900년대 초, 미국인 선교사들이 들어와 집을 짓고 살았던 숲에도 가보았다. 어릴 적 이곳은 우리가 살던 동네와 가까이 있었지만 자유롭게 드나들지 못해서 먼발치에서 신기한 듯 구경하곤 했었다. 낯선 모습의 외국인들이 우리와는 모습도, 생활방식도 다른데다 금발머리 소녀들이 서양식 2층 집에 살면서 숲속에서 놀고 있는 모습은 마치 동화의 나라를 보는 것 같았다. 많은 시간이 지났지만 선교사들이 자기의 고향에서 가져와 심었다는 흑호두나무, 은단풍이 지금도 건장하게 자리 잡고 있었다. 수령이 400년이 되어 광주시 기념물로 지정된 호랑가시나무가 있는 피터슨 목사의 사택은 지금은 예술가들이 상주하여 창작공간으로 이용하는 '호랑가시나무 창작소'가 되었다. 광주에서 가장 오래된 서양식 주택인 윌슨 선교사의 집도 보았다. 당시 숲속에 그림 같은 2층 벽돌집은 영화의 한 장면이었다. 윌슨 선교사는 의사이기도 해서 양림동에 제중병원을 설립하여 원장을 역임했고, 이 주택에서 장애아, 고아들을 위해 최초의 고아원도 운영하였다고 한다. 당시 선교사들은 기독교 복음을 전파하고 병원, 학교 등을 세워 운영하면서 가난하고 형편이 어려운 이들, 고아들을 위해 헌신했다. 세월이 흘러 선교사들도 고인이 되고, 남은 가족들도 귀국한 후에 남은 빈집들은 고인들을 기리는 기념관으로 명명되어 보존하고 있고, 게스트하우스로도 운영되고 있다고 한다.

짧은 하루였지만 많은 것을 보고 느끼고 서울로 돌아오는 길엔, 이제 꿈에서나 보일 정도로 그립고 보고 싶던 플라타너스 언덕을, 원피스 팔랑거리며 폴짝폴짝 뛰어다니던 꽃길을, 엄마와 나의 추억이 담겨있던 옛집을 더는 볼 수 없게 되었구나 싶으니 마음이 텅 비고 쓸쓸했다.

한편으론 격동의 시대를 거치면서 더 발전하고 의미 있는 새 틀이 형성된 것을 보니 마음이 흐뭇했다. 지금도 근현대 문화유산이 많이 남아있어 사람들로 북적대는 관광지가 되었고 온 동네가 문화유적지, 문화 예술의 거리가 되었다. 옛 부잣집이었던 이장우 가옥과 최승효 고택도 그대로 보존되어 있었고 골목골목 그려진 마을 벽화와 전시물이 걸려있는 펭귄마을도 인상적인 장소였다.

시간은 흘러가고 역사는 새롭게 만들어져 가면서 변천에 변천을 거듭하여 새로운 시대가 펼쳐지고 있으니 내 추억의 언덕쯤은 그냥 가슴에 묻어 두어야겠다.
 서울로 올라오는 차창 밖으로 밝게 빛나는 별 하나가 따라온다.

투정부리고 싶은 날

엊그제까지도 34도를 오르내리는 기온으로 땀을 뻘뻘 흘리게 하더니 갑자기 24도로 뚝 떨어졌다. 구름 한 점 없는 푸른 하늘이 바다처럼 펼쳐져 있고 생기발랄해지는 싱그러운 날씨가 마음을 들뜨게 했다. 누군가의 부름이라도 받은 듯 길을 나섰다. 달리는 도로변은 알록달록 백일홍이 빼꼭히 차 있고 넓은 잎의 플라타너스가 일렬로 서서 나를 반기고 있었다.

연휴가 시작되기 직전, 목이 칼칼하고 기침이 나와 집에 있는 감기약을 먹고 견뎠는데 다음 날 아침 열이 38도를 넘겼다. 혹시나 하고 코로나 자가 키트로 검사해 보니 두 줄이 선명하게 나타났다. 바로 병원으로 가서 다시 검사했더니 역시 양성 반응이 나와 팍스로비드와 몇 가지 약을 더 처방 받아 집으로 돌아왔다. 답답하지만 며칠 집에서 격리를 해야 하는 상황이 되었다. 무엇보다 이번 추석 연휴엔 아들네와 리조트에 모여 지내기로 한 것이 수포로 돌아가게 되어 아쉬움이 컸다. 바로 아들에게 '이번엔 너희 식구끼리 잘 지내다 오라.'고 문자를 보냈다. 아들은 '약 잘 드시고 푹 쉬시라'고만 했다. 내가 못 가는 것이 그다지 서운한 느낌은 아닌 것 같았다.

가까이 사는 딸에게도 알렸더니 간식거리를 사서 문 앞에 놓고 가고 여러 차례 손주들과 번갈아 안부 전화를 했다. 그런데 이틀이 지나도 아들 며느리는 전화 한 통이 없었다. 집에 누워 생각하니 괘씸하고 서럽기까지 했다. 며느리에게 바로 내지르기엔 나중에 민망할 것 같아 아들에게 문자를 보냈다.

'너희는 생각이 없는 거니, 마음이 없는 거니? 명절이지만 집에서 모이지 않고 그냥 편하게 리조트에 모여 지내자고 했다가 내가 못 가게 되었는데, 너희끼리 편히 재미있게 보내고 있으면 아픈 시어머니한테 어떤 배려라도 해야지. 조금도 신경을 안 쓰고 놀기에 바쁘구나.'

아들에게서 바로 전화가 왔다. 엄마가 아파서 어쩔 수 없이 이렇게 된 거라 휴가 마치고 올라가서 연락하려 했다고 섭섭하게 생각하지 말라고. 며느리에게도 귀띔을 했는지 며느리도 전화를 했다. 죄송하다고. 손자 친구들을 만나서 함께 움직이다 보니 정신없이 지냈노라고. 나는 마음이 조금 누그러져 문자를 보냈다.

'내가 아파서 못 가게 되었지만 이웃집은 가족들이 모이는지

시끌벅적하고 맛있는 음식 냄새도 풍겨오는데, 나는 집에 혼자 누워 있으니 서글퍼지더라. 딸은 바로 전화하고 이것저것 챙겨주었지만 아들네는 잠잠하니 섭섭했어. 나도 늙어가나 보다. 어린애처럼 심통을 부리고 투정을 하는 것을 보면. 제풀에 곧 풀릴 것이니 그러려니 여겨라.'

 다음 날 아침. 벨 소리에 놀라 문을 열고 나가보니 비닐 봉투가 놓여있었다. 며느리가 따끈한 크루아상이 들어있는 박스랑 타마고산도, 녹차라떼를 보낸 것이다. 엎드려 절 받은 것 같아 좀 멋쩍긴 했지만 여러 겹 구워진 크루아상이 입 안에서 고소하게 녹아내리듯 마음이 풀리고 웃음이 나왔다. 다음날 아침에도 내가 좋아하는 밀키트 세트가 배달됐다. 아들에게 "자식한테 응석부려 대접받으니 싫지는 않네~ ㅎㅎ 덕분에 몸도 다 나은 것 같다. 쿠*이츠가 효도의 지름길이구나. 고맙다."라고 문자를 보냈다.

 내가 어린 시절엔 명절 선물로, 짚으로 엮은 달걀 꾸러미를 집집마다 갖다드리곤 했다. 많은 세월이 흐르기도 했지만 요즘은 살아가는 게 참 편리해져서 마음만 있으면 먼 곳에서도, 내가 직접 방문하지 않아도 배달 앱을 이용해 원하는 물건이나 음식을 수월하게 주고받을 수 있게 되었다. 힘들지만 정감 어린 선물을 주고받던 옛날이 엊그제 같은데 급변하는 이 시대의 배달은 주문자의 요구에 따라 택배 기사가 신속하게 처리해 준다. 본인이 직접 선물을 가지고 가서 전달했던 오래전 일상은 옛말이 되었고 지금은 스마트폰의 앱에 들어가서 필요한 것을 주문하고 결제하면 바로 다음날 새벽, 배송되는 편리하고 놀라운 세상이 되었다. 나 역시 사회의 변천에 따라 배달 앱을 이용해 보내기도 하고 받기도 하면서 새로운 문화에 젖어서 잘 살고 있다.

아들 며느리는 뒤늦게나마 편리한 앱을 이용해 죄송함과 위로의 마음을 담아 보냈을 것이고, 나는 그것을 받음으로 기분이 좋아졌으니 배달 앱은 우리 마음을 연결하는 가교 역할을 한 것이다. 하긴 그냥 넘어갔으면 될 걸, 굳이 참지 못하고 잠시나마 아들 며느리 마음을 힘들게 하고야 만 나는 결국 까다로운 시어머니 모습을 보였다는 생각이 들어 미안했다. 그래도 가끔은 나를 향한 사랑을 확인하기 위해(?) 투정을 부려볼 만하다.

어느 새 가을이 성큼 왔고 몸도 마음도 상쾌하게 되어 보랏빛 벌개미취가 펼쳐진 벌판으로 홀가분하게 혼자만의 여행길을 나선다.

산다는 것은

 따스한 봄볕을 느끼며 한 걸음 내딛는데 내 가슴팍에서 반짝 빛나는 게 있었다. 은빛 머리카락 하나. 아, 조금 전 병실에서 어머니를 가슴에 안았을 때 한 오라기가 붙었었나 보다. 마치 어머니와 나의 인연의 끈인 것 같아 쉽게 후~ 불어 날려 보내질 못하겠다.

 몇 달째 고비를 넘기며 버티시면서 우리를 붙잡고 계시는 것을 보면 삶은 우리 손에 쥐어진 것이 결코 아닌가 보다. 더욱이 머지않아 내게도 다가올 순간들이 작은 두려움과 함께 파고든다.

 얼마 전 친구들과의 모임에 모 제약회사 직원이 건강보조식품을 들고 와서 장황하게 설명을 했다. 요즘 손이 저리거나 눈이 파르르 떨리고 사물이 침침하게 보이는 증상이 나타나지 않느냐고. 이런 전조 증상들을 무시해 버리면 언젠가는 뇌혈관이 막혀 뇌경색이 오고, 터지면 뇌출혈이 되어 반신 마비나 언어장애가 올 수 있다고. 마침 요즘 들어 내게 나타나는 증상이기에 귀를 쫑긋하고 들었다. 그는 들고 있던 약 한 알을 쪼개어 스티로폼 조각에 그 액체를 떨어뜨리니 얼마 안 되어 구멍이 뻥 뚫렸다. 즉, 그렇게 우리 혈관에 막힌 통로를 깨끗이 뚫어준다는 것이었다. 나는 두 번 생각할 것도 없이 신청을 했다. 물론 약국에서 구입하는 것보다 훨씬 싸고, 다른 몇 가지 의약품도 서비스로 준다는 말에.

집에 와서 우리 집 약 상자를 열어보니 그동안 선물 받았던 종합 비타민이며 칼슘, 오메가3 등이 포장도 뜯지 않은 채 가득이었다. 나는 내 건강에 자신이 있어서 한번도 건강보조제를 산 적이 없었고, 있어도 먹지를 않았다. '에고~ 있는 것이나 착실히 먹을걸.' 하고 후회해봐야 이미 늦었다. 설명한 대로 혈관이 깨끗해지길 기대하면서 이제 이것부터라도 신경 써서 먹어 봐야지.

늙어감은 어찌 몸뿐이겠는가. 정신적으로 외롭고, 때론 노엽고, 서럽고, 힘들 때가 많아진다. 게다가 지인들로부터 온 결혼청첩장이 쌓이던 자리에 이젠 부고訃告가 앉아 있다. 요즘은 자식들이 결혼하면 대부분 분가해서 집에는 두 노인만 썰렁하게 지내는 집이 많다. 나 역시 둘이만 남아 사랑보다는 쌓인 정으로 사는 생활이 되다 보니 매사가 무덤덤해진다. 우스갯

소리로 이 나이에 두근두근 설레는 건 심장병이라나?

우리 선조들이 3대, 4대가 한 울타리 안에 살면서, 자식들은 아침저녁 부모님의 잠자리를 살피며 요 밑에 손 넣어보고 문안 인사를 드리고, 손주들 재롱으로 온 집안이 떠들썩했던 그 옛날이 부럽다.

우리의 현실은 명절이나 생일에 서로 얼굴을 잠깐 보거나, 간간이 전화나 휴대폰 동영상으로 손주들과 나누는 몇 마디 안부만으로 만족해야 하고 그것도 감사하며 지낸다. 그 정도면 도리를 다한다는 젊은 세대와 그래도 더 많이 배려해주고 관심을 가져주길 바라는 우리 세대의 관점은 좁혀지질 않는데, 어느 쪽이 옳고 그르다는 판단은 어렵다. 시대가 바뀌면서 핵가족화 되어 분가를 하게 되니 조부모는 자연 아웃사이더가 되고 말았다. 나 역시 자식들과 한 울타리 안에서 살고 싶었던 희망이 컸지만 힘도 못 써보고 깨지고, 각자 다른 삶의 터전을 잡았다. 그래서인지 가끔 이웃사촌만도 못하다는 푸념이 절로 나온다. 저물 녘 빈집에 들어설 때면 오래전 통통거리며 달려와 안기던 녀석들이 그리워지는 마음을 내 나이가 되어야 알 수 있으리라.

"엄마도 소녀일 때가／ 엄마도 나만 할 때가／ 엄마도 아리따웠던 때가 있었겠지…."라는 노랫말처럼 애틋한 시절을 보내고 인생을 마무리하는 단계까지 오게 되었다. 속절없이 지내온 젊은 날이 어제인 양 또렷한데 언제 이리 빨리 세월이 흘렀는지 아쉽기만 하다. 주위에서 '어르신'이라고 부르는 게 아직은 어색하고, 지하철이나 고궁 등에서 경로우대를 받는 것도 썩 유쾌하진 않다.

어머니는 모든 삶의 일정을 거쳐 오늘에 이르셨다. 하루 중 이십여 시간을 주무시면서도 누군가 오면 눈 뜨고 웃어 주며 손잡아 주시는 어머니는 무슨 생각을 하실까. 깊은 잠 속에서 어머니의 소녀 시절을 그리워할까. 늘 가슴에 품고 사는 자식들, 이쁜 손주들과 즐거운 시간을 보내고 계실까. 어머니의 모습에 내 모습이 오버랩 되며 내 딸의 가슴에서도 나의 흰 머리칼이 반짝이는 듯하다.

나는 봄 햇살을 받으며 "연분홍 치마가 봄바람에 휘날리더라…."를 흥얼거린다. 또 한 번의 봄이 찾아온 것이다.

다롱이 할머니
어머니의 나무
아내여
욥을 만나다
기억의 창가에서
아들에게 띄우는 편지
무재칠시 無財七施
어느 날의 메모

다롱이 할머니

 이십여 년 전으로 기억한다. 여행 중 가파른 산길을 오르고 있었다. 내 앞에 강아지를 안고 가던 아주머니가 갑자기 "아가, 엄마가 힘들어서 그러니 내려서 걸어갈까?" 하고 말했다. 나는 눈을 크게 뜨고 아주머니를 보았는데 아기는 없고 강아지만 안겨있었다. '강아지 엄마? 이게 뭐지? 언제부터 사람과 강아지가 한 족보에 오르게 됐지?' 혼잣말을 하면서 고개를 갸웃했다.
 딸네는 몇 년 전에 고양이를 키우게 되었다. 대학 캠퍼스에서 어미를 잃고 사흘 밤낮을 울어대다 기진한 새끼 고양이를 사위가 데려와 키우기로 했다는 것이다. 나는 집안이 지저분하고 신경 쓰일 텐데 괜한 짓 한다고 나무랐다. 그러나 애들이 라면박스로 집을 만들어주고, 본인들 돌림자를 넣어 이름도 지어주면서 이미 가족으로 받아들여 키우고 있었다.

그러던 어느 날. 딸애가 주차장에 차를 세우는데 바닥에 피를 흘리고 죽은 것처럼 널브러져 있는 새끼 고양이를 발견하고 동물병원으로 데려갔다. 어찌된 사연인지 복막이 터져 거의 생존 가망이 없었다고 한다. 급히 수술을 하고 다행히 잘 회복이 되어 퇴원을 하게 되었다. 유기묘인 녀석을 어디로 보낼 수가 없어 딸은 집으로 데려갔다. 그러나 이미 한 마리가 영역을 확보하고 있어 끼어든 새끼 고양이를 가만두지 않고 공격했다. 털이 한 움큼씩 빠지고 무서워서 높은 선반 구석에 종일 숨어있는 것을 보다 못한 딸은 내게 잠시 키워주길 부탁한다면서 우리 집으로 데리고 왔다.

나는 고양이가 예쁘긴 해도 키우고 싶은 마음은 없었다. 내가 어렸을 적엔 쥐를 잡아먹으면서 밖에서 지냈던 그 기억이 남아있을 뿐만 아니라 고교시절 읽었던 애드거 앨런 포의 단편 〈검은 고양이〉가 잊히지 않아서였다. 아내를 죽여 벽 속에 묻어 완전 범죄로 끝나려는 상황에서 산 고양이가 그 속에서 울음소리를 내서 모든 게 드러난 결말은 소설이지만 괜히 섬뜩한 느낌이 들고 영물靈物로 느껴져 좀 꺼려졌다. 게다가 언젠가 헤어져야 할 때 맞닥뜨리게 되는 감정의 소용돌이를 감당할 수 없을 것 같았다.

딸은 '잠시 키워 주시면 합사가 가능할 때 바로 데려가겠노라'고 사정을 했다. 나는 마뜩잖았지만 합사가 가능하거나 다른 데 입양되어 갈 때까지만 봐주기로 했다.

딸이 돌아간 후 내 두 주먹 정도의 몸집인 새끼고양이는 침대 밑에 들어가 애닮게 울어댔다. 마음 한편으로 안쓰러운 마음이 들어 냥이들이 좋아한다는 간식을 딸이 두고 갔길래 입에다 대고 짜 주었더니 배가 고팠는지 맛있게 먹었다. 그렇게 시작된 녀석과의 생활이 2년이 지났고 지금은 우리 가족의 중요한 구성원이 되었다. 녀석은 집안 여기저기에 본인의 영역을 만들고 종횡무진 제 맘대로 다니면서 숨어 있기도 하고 옆에서 네 다리를 쭉 뻗고 곤히 자기도 했다.

요즘은 반려동물의 인기가 대단해서 집에서 여러 마리의 강아지나 고양이를 키우는 것을 본다. 삶의 우선순위를 바꿀 만큼 반려 동물은 집안에서 0순위가 되었다. 아이를 태우고 다녀야 할 유모차에 반려동물을 태우고 다니는 모습을 보면서 한편으로 출산율이 갈수록 저조하여 국가적인 이슈가 되는 요즘 우리 삶의 가치관이 어떻게 변화되어 가는지 걱정도 된다. 반려동물을 아이와 함께 키우는 가정은 아이들이 정서적으로 안정되고 배려심이나 책임감도 강해져 교육적인 효과도 있다고 가족의 일원으로 자리 매김하는 듯하다.

딸애가 고양이를 키우기 시작할 무렵, 어느 날 반찬을 만들어 딸네 집으로 갔다. 고양이가 나를 경계하지 않고 다가오길래 등을 쓰다듬어주었다. 그랬더니 이 녀석이 '골골' 소리를 내면서 드러누웠다. 깜짝 놀라 딸에게 어디서 숨소리가 이상한 아픈 고양이를 데려왔냐고 빨리 다른 입양처를 알아보라고 했다. 딸은 박장대소를 하더니 고양이의 '골골송'은 기분 좋을 때 내는 소리라고 알려주었다. 녀석들은 몸의 청결을 위해 자신의 몸을 핥아내는 그루밍을 하고 나중에 헤어볼로 토해내는 참 별난 습성들도 가졌다. 냥이 특유의 습성을 하나씩 알아가면서 동물의 세계는 참 놀랍다는 생각이 들었다.

어쨌든 나는 어느새 녀석의 충성스러운 집사가 되어 있었다. 녀석이 맑은 눈으로 나를 빤히 쳐다보고 있을 때면 나는 젊은 날 가보았던 레이크 루이즈의 옥색 물빛에 빠져든다. 내가 외출에서 돌아와 현관의 도어락을 두들길 때부터 녀석은 문 앞에서 야옹거리고 문을 열자마자 내 앞에 발라당 드러눕는다. 등허리를 쓰다듬고 궁둥이를 통통 두들겨주면 '골골' 소리를 내면서 몸을 뒹군다. 밤에는 나보다 먼저 내 침대에 올라가 자리 잡고 누워있다가 내가 옆에 누우면 몸을 비벼대며 기대어 잠을 잔다. 갓 태어나 어미 고양이 품에 안겼던 기억이 남아있어서일까. 가끔 맑고 동그란 눈으로 나를 바라보는 녀석에게 말을 건넨다. "넌 누구를 제일 사랑하니?" 나를 보면서 귀를 쫑긋함은 아마도 '나'일 것이라는 확신을 하며 그런 나를 향해 웃는다. 날이 갈수록 우리 사이는 돈독해지고 녀석의 자잘한 재롱들이 지루한 일상을 뒤엎고 잔잔한 삶의 생기를 불러일으킨다.

오늘도 외출하면서 나를 배웅하는 녀석을 향해

"다롱아, 할머니 다녀올게. 집 잘 보고 있어." 하면서 손을 흔들어 준다.

문득 오래전 산길에서 만난 강아지 엄마가 떠올라서 피식 웃음이 나오면서 이젠 그분도 강아지 할머니가 되었겠다는 생각이 든다.

어머니의 나무

"아흔다섯 살이나 된 사람이 그립고, 보고 싶다고 해서 어쩌까?"

어머니는 두 달 전 뇌수술을 해주신 신경외과 과장님 손을 꼭 잡고 눈을 바라보며 마치 오랜만에 만나는 연인처럼 말씀하셨다. 퇴원 후 집에서 기력을 회복하고 첫 외출을 하시던 날, 병원엘 먼저 가자고 하셨다. 수고하셨던 의사 선생님, 간호사 선생님들이 보고 싶다고.

일요일 아침, 전화를 받았다. 간밤에 어머니가 말이 어눌해지며 팔도 마비가 오는 것 같아 입원을 하셨다고. 서둘러 병원에 와서 어머니를 뵈니 하시는 말씀을 잘 알아듣지 못하겠고 평소와 확연히 다른 모습에 적잖이 놀랐다. CT와 MRI를 찍고

주사를 맞으며 시간이 흐르니 오후부터는 다행히 발음이 좋아졌다. 언제인지 어딘가에 부딪쳐 뇌출혈이 있었다는 검사 결과를 어머니는 모르는 일이라며 눈만 껌벅이셨다. 과장님은 약물로 출혈된 것을 녹여 흡수가 잘되면 상태가 좋아질 것이니 경과를 지켜보자고 했다. 크게 걱정은 하지 않아도 되는 것 같아 마음이 놓였다. 그러나 일주일이 지나자 오른쪽 팔에 힘이 빠지고 말도 더 어눌해지며 어머니의 병세가 악화되기 시작했다. 아무래도 수술을 해야 한단다. 우리 가족은 연세가 워낙 고령이라 염려도 됐지만 의사이신 형부는 그래도 하는 게 낫겠다는 결론을 내리시고 하나님과 집도하는 의사선생님에게 맡기자고 했다.

어머니의 수술이 진행되는 서너 시간을 온 가족이 모여 조용히 주님께 기도드리며 기다렸다. 어머니는 다행히 수술이 잘되어 사흘 만에 병실로 돌아오셨다. 혼자서도 걷는 운동을 열심히 하셨고, 누구의 도움 없이 식사도 잘하셨다. 회복 중인 병실에서 손자며느리가 준비해온 케이크를 놓고 95세 생일축하도 해드리고, 곧 퇴원할 수 있으리라는 기대로 며칠을 보냈다.

그런데 웬일일까. 갑자기 또렷해지던 발음이 다시 어눌해지고, 몸도 스스로 가누질 못해서 화장실 갈 때면 두 사람이 부축하여 다녀와야 하는 상황으로 바뀌었다. 과장님은 수술 후 뇌가 정상적으로 펴지고 공간이 생겨야 하는데 고인 물이 흡수가 안 된 채 그대로 있어 그 고인 물을 빼내려면 재수술이 불가피하다고 하셨다. 우리 가족은 연세를 생각하며 망설임이 있었지만 더욱 악화될까봐 결국 재수술을 하기로 하고 새벽부터 온 식구가 모였다. 침대에서 잠드신 어머니를 보고, 우리는 밖으로 나와 이런저런 이야기를 나누다 병실로 들어가 보니 부축해야만 거동을 하셨던 어머니가 화장실에 계셨다. 혼자 일어나서 화장실을 가신 것을 보고 우리는 깜짝 놀랐다. 정확한 발음으로 우리의 이름도 불렀다. "아! 하나님 감사합니다. 이런 기적이 일어나다니요." 거의 정상에 가까운 몸짓과 말투였다. 수술을 하기 위해 오신 과장님도 놀라서 수술을 보류하고 지켜보자고 하셨다.

어머니는 그날 이후 하루가 다르게 회복되셨다. 걷는 것도 부축 없이 스스로, 식사도 혼자서 하셨다. 어느 날 나는 병원 측에 허락을 받고 시험 삼아 외출을 시도했다. 환자 옷을 벗고 손녀랑 증손자들이랑 근교로 드라이브를 가는 동안 꼬마들의 재롱에 파안대소破顔大笑를 하셨고, 바람에 우수수 떨어지는 은행잎을 보며 눈 내리듯 떨어진다고 좋아하셨다. 외출에서 돌아와서도 컨디션이 좋아서 안심이 되었다. 집에 가고 싶어 안달을 하시던 어머니는 입원한 지 한 달여 만에 퇴원을 하셨다.

어머니가 아흔다섯의 연세에도 이리 회복될 수 있었던 힘은 어디에 있었을까. 나는 놀라운 기적 앞에 무엇보다 먼저 하나님께 감사드리고, 심혈을 기울여 애쓰신 의사선생님과 정성을 다해 보살펴 준 간호사 선생님들께 진심으로 감사의 마음을 보낸다.

  그렇게 또 해가 여러 번 바뀌고 올해로 백세百歲를 넘기신 어머니는 어떤 후유증도 없이 건강하게 잘 지내고 계신다. 늘 자손을 위해, 주위의 어려운 이웃을 위해 기도와 베풂을 아끼지 않으셨던 어머니. 어릴 적 올려다봐야 했던 커다란 몸집이 어느새 내 눈높이 아래 자리 잡아, 안아드리면 넉넉히 내 품에 들어오는 어머니. 요즘은 긴 세월 당신이 겪었던 희로애락喜怒哀樂이 이젠 커다란 이야기보따리가 되어 그날그날을 되새기며 웃었다, 눈물짓다를 되풀이하시는 어머니. 올곧고 착한 심성으로 자신보다 남을 더 배려하며 사셨던 어머니의 품성은 오늘의 우리 가족을 있게 한 뿌리인 것이다. 견고한 뿌리가 된 어머니의 나무는 튼튼한 가지를 뻗고 또 그 가지에 반짝거리는 새 잎들이 돋아나고 있다. 오래도록 푸른 잎이 무성하고 예쁜 꽃들이 피어날 어머니의 나무는 영원히 우리의 버팀목이 될 것이다.

아내여

 아내는 잔소리쟁이다. 눈 뜨면서부터 잠들 때까지 나만 보면 잔소리다.
 "옷걸이에 잠옷 걸어요/ 수도꼭지 꼭 잠가요/ 주스 봉지는 비닐 수거함에 넣어요/ 춥지도 않은데 조끼는 왜 입어요/ 운전할 때 딴 생각하지 말아요/ 나갈 때 현관 문 잘 닫혔나 확인해요" 등등. 아내가 내게 잔소리가 많아진 것은 내 사업이 힘들어지고 집에 있는 시간이 많아지면서인 듯하다.
 아내를 처음 만난 날은 1975년 4월 5일 식목일이었다. 내 형수님 소개로 처음 본 아내는 키도 크고, 까맣고 긴 생머리에 눈이 커다랗고 조금 통통한 몸매로 첫인상이 좋았다. 나는 바로 '이 여자다.' 싶어 두 번째 만나는 날 손을 와락 잡고 결혼하자고 했다. 당시 아내는 교직에 몸담고 있었으니 만년 직장이 아닌가라는 계산도 있었고. 아내는 답을 안 한 채 머뭇거렸다. 너무 갑작스런 프러포즈였고 집안 식구들이 나를 탐탁하게 생각지 않았기에 망설이는 것 같았다. 나는 아내에게 편지를 썼다. "갑종 맞고 군대 다녀 온 신체 건강한 남자이고 직장 든든해서 당신을 먹여 살리는 데 부족함이 없다."라고. 아내는 주위의 반대가 심해지니까 오히려 내게 마음을 주는 것 같았다. 결국 아내는 내 손을 잡았고 그 해 초겨울 첫눈이 내리는 날 내 사람이 되었다.

금쪽같은 딸, 아들 낳고 행복한 나날을 보내다 더 큰 야망을 위해 잘 다니던 국영기업체를 뛰쳐나와 개인 사업을 시작했다. 만사 잘 풀리어 중견기업체로 키우며 사업을 확장해 나갔다. 상승곡선만 그릴 줄 알았던 사업이 갑자기 걷잡을 수 없이 추락하여 정신을 차릴 수 없었다. 그런 시련을 아내와 자식들이 있어 버틸 수 있었음에 감사한다. 그러나 회복이 더디어지자 아내도 지쳤는지 조금씩 변해 갔다. 내게 집안 청소도 해 달라 하고 얼마 전부터는 음식물 쓰레기도 버려달란다. 내가 어쩌다 집에 있고 아내가 외출하는 날이면 내가 냉장고에서 반찬을 꺼내어 밥을 차려먹고 설거지까지도 해 놓길 원한다. 나의 낮아진 위상에 나의 자존까지 무너지는 소리를 들었다. 하지만 어쩔 것인가. 참자. 조금만 기다려라. 기필코 옛날의 위상을 다시 보여줄 테니. "소리 없는 아우성"으로 나를 달래고, 힘들어진 아내를 돕는 마음으로 기꺼이 웃으며 해주고 있다.

살아오면서 내가 본 아내는 무뚝뚝하고 표현에 인색해서 속내를 잘 드러내놓지 않는다. 애들이나 다른 사람들에겐 연한 배처럼 사근사근한데 나에게만 그렇다. 다행스럽게도 지금까지 아침 식사는 챙겨준다. 나는 이 나이가 되도록 끼니를 밥 대신 빵으로 대치하는 것은 용납을 못할 뿐만 아니라 국도 꼭 있어야 한다. 아침이면 아내와 애들은 빵을 먹고 나는 밥을 먹는다. 요즘 같으면 밥 대신 빵을 주어도 군소리 없이 먹을 텐데 으레 밥을 챙겨주니 고맙기 짝이 없다.

아내는 나와 취미도 맞는 게 없다. 나는 산을 좋아해 자주 등산을 가는데 아내는 숨차고 땀나서 싫단다. 아내는 분위기 좋은 장소를 찾아 드라이브하기를 좋아하는데 나는 집에서 조용히 책 읽는 게 좋다. TV를 볼라치면 나는 음악이나 시사토론 프로를 보고, 아내는 드라마나 개그, 예능 프로그램을 좋아한다. 결국 아내는 거실에서, 나는 안방에서 각자 좋아하는 것을 볼 수밖에. 그럼에도 이날까지 잘 살고 있는 것은 신기하기만 하다.

계속되는 아내의 잔소리. "이쑤시개 사용 후 입에 물고 다니지 마세요/ 양말 뒤집어 벗어 빨래 통에 넣지 마세요/ 약 잊지 말고 먹어요/ 로션 바른 후 뚜껑 좀 닫으세요/ TV 안 볼 때는 끄세요……." 하긴 잔소리할 빌미를 주었으니 내가 잘못하고 있는 셈이지만 아내가 제발 잔소리를 줄여 주었으면 좋겠다. 늙어가는 마당에 늘상 야단맞는 어린아이처럼 고개 숙이는 내 마음에 휑한 바람이 분다. 어차피 아내가 잔소리하며 하는 말, "세 살 버릇 여든까지 간다더니 여든이 지나야 잘못된 습관이 없어질 거냐."는 말처럼 여든 살까지만 참아주라. 아내는 언젠가 내게 말했다. 어느 때는 미워 죽겠다가 웅크리고 자는 뒷모습을 보면 짠하다고. 그 말이 그리 기분 좋은 소리는 아닌 것 같다. 아니, 자면서 내 뒷모습까지 신경을 써야 하나?

뭐, 어쨌든 나는 아내를 사랑한다. 다시 태어나도 아내를 만났으면 좋겠다. 물론 이런 걸 누군가 아내에게 물으면 강하게 도리질할 것이 뻔하다. 내가 어때서? 언제는 나의 성실함과 작은 체구지만 넓은 마음이 좋다고 해놓고. 나의 아내를 향한 사랑의 유통기한은 무한한데 아내의 유통기한은 언제까지일까. 아니, 언제까지였을까. 때마침 라디오에서 어느 남자 가수가 "…당신 없는 행복이란 있을 수 없잖아요."라고 사랑의 감정을 듬뿍 담아 노래한다. 나도 동감이다. 아내여, 신혼시절 수줍은 듯 들려주었던 기타의 선율이 오늘따라 그립다.

며칠 후 결혼기념일을 핑계로 아내가 좋아하는 장미꽃과 작은 선물을 준비해야겠다. 빙긋이 웃어줄 아내의 미소를 떠올리고, 나의 크고 작은 허물을 제발 잊어주길 바라며.

'……휴~. 그런 수법에 마음 약해져 당신의 아내로 살아온 사십 년 세월을 되돌려놓고 싶소.'

아마도 이렇게 혼자 중얼거리고 있을지 모르겠다.

욥을 만나다

우스 땅에 욥이라 불리는 사람이 있는데 그 사람은 온
전하고 정직하여 하나님을 경외하며 악에서 떠난 자더라.
 - 〈욥기 1장 1절〉

욥은 슬하에 아들 일곱과 딸 셋이 있으며 재물은 넘쳐서 무
엇 하나 부러울 게 없었고, 정직하고 신실한 사람이었다. 어느
날 사탄이 하나님의 축복을 받고 잘사는 욥을 시험해 보자고
한다. 모든 것을 잃고도 하나님을 여전히 공경할 수 있는지
를……. 사탄의 제안으로 욥은 모든 재물과 자식들을 잃게 되
는데도 "주시는 자도 하나님이시요 다시 가져가시는 이도 하
나님이시라."고 하며 하나님을 원망하지 않았다. 사탄은 이에
물러서지 않고 건강을 빼앗으면 욥도 달라질 것이라 생각하여,

발바닥에서 정수리까지 종기가 나서 질그릇 조각으로 온몸을 긁어대고 굳어지게 만들었다. 욥에 내려진 재앙을 보며 주위에선 욥을 비웃고, 친구들은 무언가 죄를 지었으니 벌을 받는 것이라며 조롱하고 아내까지도 하나님을 욕하며 죽으라고 한다. 욥도 "내가 태어나지 말았어야 했고 그랬으면 이 고난을 겪지 않아도 되었을 것"이라고 괴로움을 토로하기도 한다. 그러나 욥의 한계를 뛰어넘은 절대적인 믿음은 하나님께서 못하시는 일이 없다는 것을 알았고, 함부로 말했던 자기 주장을 거두고 잘못을 뉘우친다고 말한다. 욥기의 말미를 보면 욥은 시험당하기 전보다 훨씬 더 많은 복을 받아 재물과 자손도 번성하고 큰 축복 속에 장수하였다고 쓰여 있다.

평소에 성경을 잘 읽는 편이 아닌 내가 올여름 욥기에 빠졌다. 주위의 신망이 두텁고 부러울 게 없는 삶을 살았던 욥, 모든 걸 잃고 고통 속에 빠졌던 욥, 다시 축복 속에 사는 욥을 나와 대비시키고 있었다. 욥은 절대적인 믿음으로 모든 고난을 이겨 냈지만 나는 바르고 정직하고 착하게 살아왔는데 왜 이런 시련을 주시는지 모르겠다고 푸념을 했다. 물론 나의 잣대로 잰 정직함과 착함이었다. 갑자기 닥쳐온 어려움에 정신을 차릴 수 없었고 오랜 기간 수습을 하며 서러워했다. 악착같이 수단 방법을 안 가리며 남에게 아픔을 주는 사람에게도 축복 받는 삶이 주어지는 것을 보면서 형평에 어긋난 것은 아닌가 싶고 과연 신이 나를 사랑하고 있는 걸까 싶었다. 나는 억울

한 마음에 원망과 절망으로 시간을 보냈었다. 젊은 시절 풍족하고 아쉬울 게 없었던 생활을, 내게 주신 축복인 줄 모르고 저절로 내 노력으로 이루어진 양 거만하게 감사할 줄 몰랐던 내게 한참의 시간이 흐른 후에야 깨달음이 왔다.

돌이켜보면 내 인생의 시련은 욥의 시련에 비하면 아무것도 아닌데 왜 그리 힘들어했을까. 하나님은 나를 사랑하시는데 왜 그리 투정을 부렸을까. 욥은 인간적으로 도저히 상상조차 할 수 없는 큰 역경에도 꿋꿋한 믿음으로 결국 더 큰 축복을 받지 않았는가. 믿음이 약한 내게는 주님께서 먼저 내 손을 잡아 주신 것 같다. 차츰 내 마음도, 내 생각도 부정에서 긍정으로 바뀌어가고 조금씩 안정을 찾아가는 삶에서 감사의 마음을 갖게 되는 것을 보면……. 한바탕 혼돈을 겪으며 주변 정리도 되었다. 입 발린 찬사에 속없이 흥겨워하던 나. 그런 내 곁에서 맴돌다 위로 한마디 없이 멀어져간 친지들. 나무가 가지치기를 하면 더 튼튼한 나무로 자라듯이 나도 가지치기를 하여 정말 좋은 가지, 좋은 벗들만 지금 내 곁에 남았다.

언젠가 TV에서 교통사고로 화상을 입고 죽음의 문턱까지 갔던 이지선 양의 대담을 보았다. 절망 속에 시간을 보내면서도 하루 한 가지씩 감사하기를 했단다. 눈썹이 돋아나는 것에 감사한달지 코와 이마에 새 살이 돋는 것에 감사, 문고리 잡고 문을 열 수 있었던 날의 감사, 목소리를 들을 수 있음에 감사 등등…. 감사의 마음이 내일을 살아가는 힘이었다고 한다.

인생을 살다 보면 늘 행복하지만은 않을 테고, 겉으로 환한 미소를 짓지만 마음속엔 근심 걱정으로 어둠 속에 잠겼을 수도 있을 것이다. 나도 한때는 그랬으니까. 내 고통이 제일 커 보였지만 시간이 흐르면서 주변을 돌아보니 나보다 훨씬 큰 고통을 겪는 경우도 많이 보게 되었다. 그에 비하면 오히려 나는 감사할 일이 더 많았던 것 같다. 무엇보다 내게 건강을 주셨고 그럭저럭 착한 남편이 있고, 어려움이 닥치자 나의 힘이 되어주고 자기 길을 찾아 열심히 살고 있는 아들, 딸을 주심에 감사한다.

  나는 올여름 욥을 만나며 내게 준 시련을 축복이었다고는 못하겠지만 감사와 긍정의 삶을 살아가는 굳건한 토대를 만들었다고 볼 수 있다. 옛날과 달라 요즘은 100세 시대라니 아직은 활발한 활동을 할 수 있으리라. 그렇다면 나도 아직 꿈을 꾸어도 좋겠다. 큰 축복의 삶을 위한 꿈을…….

기억의 창가에서

 나는 카페 2층 창가에 자리 잡고 앉았다. 파니니와 카모마일을 시켜놓고 창밖을 내다본다. 오늘은 그동안 추진하던 일을 모두 마치고 복잡했던 일터에서 벗어나 한가롭게 브런치를 즐기기로 했다.
 창밖에 가지를 펼치고 서있는 우람한 나무를 보니 저 나무는 몇 살일까 궁금해진다. 인간의 수명은 길어야 백 년을 보는 반면, 주변에서 쉽게 볼 수 있는 나무들은 수령이 일, 이백 년을 넘긴 게 많다. 시골의 마을 어귀를 지키는 고목은 몇 백 년을 변함없이 그 자리에서 우리의 삶을 지켜보았을 테고 제주도의 비자림은 500~800년생 비자나무가 밀집되어 숲을 이루고 있다고 한다. 생텍쥐베리의 《어린왕자》에서 읽었던 "뿌리가 땅속 깊이 파고들어가 별을 관통해 버릴 수가 있어 별을 산산 조각으로 부숴 버릴 수도 있을 것"이라는 몇 천년된 바오밥 나무도 있다.

나무는 봄이 되면 싹을 틔우고 여름이면 무성함을 자랑하고, 가을이면 마지막 절정에서 모든 매력을 한껏 발산하며 불태운다. 그리고 겨울이 오면 아낌없이 모든 걸 내려놓고 다음 봄을 기약하며 나목裸木이 된다. 마치 영생의 삶을 약속하듯이.

인간의 삶은 어디까지가 끝이고, 무엇에 영향을 받아 장수하는 것일까. 인간은 장수를 추구하기보다는 살아가는 동안 내가 남긴 자취가 무엇인가에 영향을 주었다면 그것이 삶의 보람이고 기쁨이 아닐까.

최근 지인들과 함께하는 단톡방에 21세기의 천재로 56세에 췌장암으로 생을 달리한 스티브 잡스의 마지막 남긴 메시지가 올라왔다. 스티브 잡스는 "타인의 눈에 내 인생은 성공의 상징이다. 하지만 일터를 떠나면 내 삶에 즐거움은 그리 많지 않다. 지금 이 순간에 병석에 누워 나의 지난 삶을 회상해 보면, 내가 그토록 자랑스럽게 여겼던 주위의 갈채와 막대한 부는 임박한 죽음 앞에서 그 빛을 잃었고 그 의미를 상실했다. 그래서 평생에 내가 벌어들인 재산을 가져갈 도리가 없고 가져갈 수 있는 것이 있다면 오직 사랑으로 점철된 추억뿐이다."라고 했다. 그는 가족, 부부, 이웃을 향해 사랑을 귀히 여기라고 말을 맺었다. 누구에게나 찾아오는 죽음 앞에서 숙연해지는 내용들이다. IT 업계의 큰 업적과 그가 쌓아올린 부는 사회의 공헌으로 남아있겠으나 본인의 손에 마지막으로 쥔 것은 '사랑'이었다.

내 곁을 떠나신 지 벌써 3년이 지난 어머니 생각이 난다. 어머니는 늘 무엇인가를 손에서 놓지 않으시고 무언가를 만들어 내셨다. 한때는 흰색 구정뜨개실로 우리 삼남매의 테이블보나 이불보를 떠주시고, 아이보리색 털실로 끝부분을 하트형으로 마무리한 목도리를 떠서 손주들에게까지 모두 나누어 주셨다. 또 빨강, 파랑 비단 천에 명주실로 모란꽃과 목숨 수壽와 복 복福자를 수놓아 복주머니를 만들어 주시며 "손끝이 가슬거리면 실이 걸려서 수놓기가 힘들다." 하셨다.

가시기 얼마 전까진 몇 십 개의 손부채를 사오라셔서 사인펜과 함께 갖다 드리면 앉은자리에서 여러 개의 그림을 그리셨다. 꽃과 나비, 거기에 맞는 성경구절을 써 넣거나, 나무와 새 등 주변에 보이는 모두가 그림감이 되었다. 내가 본 어머니의 부채 그림 중 제일 걸작은 공산명월, 매화. 벚꽃 들을 그린 화투 패였다. 그려놓은 부채는 어머니를 찾아오신 분이나, 어딘가 외출하실 때면 들고 나가셔서 만나는 분들에게 선물로 주었다.

어머니는 그렇게 뭔가를 열심히 하셨고 항상 감사하는 마음으로 주변에 많은 걸 나눠주시길 좋아하셨다. 아마 그래서 어머니는 몸도 마음도 건강하게 103세까지 우리 곁에 머무르셨나 보다.

나는 나의 지나간 시간을 뒤돌아본다. 기쁘고, 슬프고, 아쉽고, 힘들고, 애틋했던 순간들이 어제인 양 펼쳐진다. 때론 무기력함과 외로움으로 누군가에게 손 내밀고 싶었던 순간들도 있었고, 조금씩 소소한 희망을 보면서 누군가의 버팀목이 되어줄 수도 있었다. 누군가에게 미안했던 일, 누군가를 마음 아프게 한 일, 괜한 질투나 원망으로 괴롭힌 일, 받기만 하고 갚지 못한 감사의 마음을 전하지 못한 일도 가슴에 남아있다. 먼 후일, 어디에선가라도 마주친다면 두 손 따뜻이 잡아주고 싶다.

　어느새 한 해를 보내고 또 한 살이 얹어지는 시점에서, 올해도 감사와 평강을 기원하고 싶다. 내 안에 긍정과 내려놓는 삶을 지향하고 싶다. 마무리를 앞두고 있는 내 인생의 그림이 마지막 붓을 놓는 시간, 한 폭의 아름다운 수채화가 완성되었음을 보고 싶다.

아들에게 띄우는 편지

아들 녀석이 공중 보건의를 지원하여 논산에서 4주간 훈련을 받게 되었다. 훈련을 시작한 지 며칠 후 내 휴대폰으로 문자가 왔다. 어떻게 지내는지 궁금하던 차라 간략한 문자였지만 연애편지를 읽는 기분이었다.

"정○세 훈련병. 28연대 배치. 인터넷으로 사진 검색 가능."

부랴부랴 그 사이트를 찾아 사진을 확대하여 아들의 군복 입은 모습을 보았다. 소대원들과 함께 주먹을 불끈 쥐고 무슨 구호를 외쳐대는 듯한 사진이었다. 요즘 군대는 부모에게 자식의 군 생활에 대한 궁금증을 인터넷을 통해 알려주고 급하거나 어려운 사정이 발생하면 선처를 해주는 것 같아 마음이 놓였다. 난 매일 주먹 쥔 아들의 모습을 보다가 메일을 보내면 아들이 직접 받아볼 수 있다고 하여 퇴소해서 나오는 날까지 매일 짤막한 편지를 썼다.

3월 00일

오늘은 네티즌 광장의 글쓰기까지 들어오는데 많은 시간이 걸렸다. 그러나 아들을 생각하며 끈질긴 시도 끝에 이 글을 쓸 수 있게 되었다. 짜증이 나서 그만 포기할까 했었거든. 이곳 날씨는 계속 꾸물거리고 비가 내린다. 며칠 전 도로변에 개나리와 진달래가 활짝 피어 봄임을 실감했는데 오늘은 황사와 비가 섞여 내리는 바람에 주차장에 세워 둔 차가 지저분한 봄날이 되었다. 그래도 하루하루가 지나고 네 훈련도 반으로 접혔구나. 아쉬워서 어떡하니? 그냥 살 빠질 때까지 조금 더 받을래? ㅋㅋㅋ '엄마가 훈련 받으실래요?' 하고 말하고 싶지? ㅎㅎㅎ

아들아, 조금 전 현관문을 열고 들어오면서 맨 앞에 놓인 까만 구두를 보는 순간 네가 집에 왔나 하는 착각을 했단다. 늘 그 자리에 놓여 있던 구두가 오늘따라 내 눈에 들어옴은 왜일까. 집안 식구들은 모두 즐겁게 잘 지내고 있으니 너 자신만 생각하며 훈련에 임하거라. 일요일이면 교회에 나가서 기도드리고. 누구 앞에 서건 부끄럽지 않은 사람이 되도록 바른 생각, 좋은 생각을 하며 살자. 자. 오늘도 너를 그리워하는 이가 많음에 행복을 느끼며 네 사랑도 베풀며 사는 삶이 되길. 안녕!

친구 같은 엄마가.

4월 00일

전화로 들려오는 네 목소리에 반가움이 컸다. 이제 10여 일밖에 안 남아서 아쉬움이 크겠구나. ㅎㅎㅎ 백일만큼 천일만큼 값지게 훈련을 받아라. 훈련이 끝나는 날, 데리러 갈게. 어떻게 변했을까 기대가 되는데 글쎄, 평소에도 매력 덩어리였는데, 뭘. 너무 치켜세웠나? 적당히 알아들어라. 주말이면 누나네 온 식구가 집에 와 지내니 아빠는 무척 좋아하신다. 난 인생 선배님들의 말씀대로 오면 반갑고, 가면 더 반갑다는 말을 실감하게 됐지만. 내일부터 시작되는 훈련도 잘 받고 완벽한 군 생활을 마치기 위해 고생을 두려워하지 마라. 험하고 힘든 일도 솔선수범해라. 안녕!

네가 부러워하는 엄마.

4월 00일

화요일 저녁이다. 아파트 단지 안에 장이 서는 날이라 나가서 빙 둘러 보는데 아직은 바람이 차다. 너의 컨디션은 어떠니? 장에서 할머니 스웨터를 하나 사고 바나나와 참외를 사면서 네 생각을 했다. 넌 딸기와 귤을 잘 먹는데. 그곳에서도 과일은 먹니? 요즘은 군대에서도 부식이나 간식이 잘 나온다던데. 하긴 넌 잠시라도 못 먹는 편이 더 나을 거야. ㅋㅋㅋ 얼마나 멋진 모습으로 신체가 단련됐는지 그날을 기다릴 거다.

아빠는 여전히 바쁘시다며 일찍 나가시면 늦은 밤 귀가

하신다. 바쁘게 일하시는 게 좋긴 하지만 이젠 일 욕심을 버렸으면 싶다. 나보다는 아들 말을 더 잘 들을 테니 나중에 뵐 때 말씀드려 보아라. 같이 입소한 네 친구들도 잘 지내니? 특히 ○형이에게 안부 전해라. 퇴소 후 비포, 애프터 사진 비교해 보자고. 남은 기간 잘 지내라. 적당히 보내지 말고 모든 걸 성심성의껏, 온 힘을 다해 훈련을 받아라. 하루하루가 이리도 빠르니 한순간이라도 헛되이 보내지 말아라. 안녕!

욕심 많은 엄마가.

4월 00일

 오늘 군사 우편 받았다. 네 편지는 없고 퇴소식에 관한 안내문과 출입 허가서만 달랑. 매일 널 생각하며 글 쓰는 엄마를 생각한다면 답장을 안 쓸 리가 없을 텐데. 아빠는 내가 너에게 글 쓰고 있으면 자기 얘기도 써 달라고 애교를 부리는구나. 그 모습 눈에 선하지? 은근히 아빠가 너를 더 보고 싶어 하셔. 나이 들수록 난 더 씩씩해지고 아빤 더 여려지시니 원, 참. 날더러 어쩌라구? 내가 사랑하는 사람들은 모두 행복했으면 좋겠다. 조금씩의 불만, 걱정거리는 누구나 있게 마련인데 넌 예외야. 그치? 늘 행복하고 즐겁고 편안하고. 요즘도 그렇지? 오늘밤엔 내 꿈꾸며 잘 자라. 악몽이라구? ㅋㅋ 안녕!

네가 늘 행복하기를 바라는 엄마.

4월 00일

집에 들어오는 나를 반겨준 건 진한 히야신스 향내… 어제 구기동 내려오다 샀거든. 분홍색 보라색 봉오리가 많이 맺어진 것으로. 완연한 봄빛이 집에서도 거리에도 현란하다. 내 아들은 이 봄 향기를 맡으며 행군도 하고 포복도 할까? 행복하겠구나. 누구, 약올리냐구? ㅋㅋㅋ 이제 정말 마무리할 시간이 되었구나. 이틀 남았네? 시간 참 빨리 간다. 배낭 메고 논산으로 출발하던 날이 엊그제 같은데. 훈련 마치고 와서 무얼 가장 하고 싶니? 엄마랑 팔짱끼고 데이트? 좋지. 무얼 먹고 싶니? 무엇이든 말만 해. 다 먹여줄게. 누가 제일 보고 싶니? 당연히 엄마지? ㅎㅎㅎ 너무 직접적인 표현을 했나? 잠시나마 너의 피로를 풀어주기 위한 진담(?)이니까 오버하지 말아라. 아들아, 두꺼비처럼 침대 위에 널부러져 자던 네 모습이 눈에 삼삼하다. 이제 돌아오면 두꺼비가 아니라 물 찬 제비로 바꿔 보일까? 기대해도 되겠지? 오늘은 이만 쓸게. 잘 자라.

아들을 약 올리고 싶은 엄마.

4월 00일

봄비가 기분 좋게 내렸다. 내일이면 마지막인데 송별회라도 하니? 남은 시간까지 군기 빠지지 않게 군인임을 자각해라. 너의 불침번으로 우리가 편히 잠들 수 있다는 것에 기쁨을 느껴라. 그렇다고 집에 와서까지 불침번은

서지 않아도 돼. 우리 아들, 만나는 날 첫 마디가 무얼까? '충성', '봉사', '애국' 기타 등등. 아님, '보고 싶었습니다.', '사랑합니다.'(?) 이건 좀 간지럽다. 아무튼 기대해 보자. 내가 듣고 싶은 말이 뭐냐고? 알면서…. 간식은 무얼 준비해가야 아들 입이 벌어질까? 곧 만날 걸 생각하니 마음 편해지면서도 한편으론 아쉬운 감이 있다. 훈련기간이 더 길어도 되는데. ㅋㅋㅋ 병영에서 남은 이틀 밤을 잘 지내거라. 안녕!

무슨 말을 듣고 싶은 엄마.

아들을 만나기 위해 설레는 가슴으로 밤잠을 못 이루고, 이른 새벽 출발하여 도착한 논산 연무대는 벚꽃 궁궐이었다. 분홍빛 터널을 지나며 이렇게 예쁜 공간이라면 나도 며칠 머물며 훈련을 받고 싶어졌다. 널찍한 연병장엔 대대별로 훈련병들이 들어오기 시작했다. 난 목을 빼고 아들의 모습이 나타나길 기다렸다.

"충성!!"

아들은 제법 군인다운 모습으로 날 껴안았다. 그러나 내 아들은 여전히 두꺼비였다.

무재칠시 無財七施

"제가 언니께 갚을 것이 많은데도 저 살기에 바빠서 이렇게 살고 있습니다. 28년 전, 제가 아팠을 때 언니가 흔쾌히 큰 도움을 주셔서 힘내도록 격려해 주신 마음 잊지 않고 있습니다."

내 연락을 받고 보내온 그녀의 문자였다. 교직을 시작하면서 고등학교 1년 후배인 그녀랑 우연히 같은 학교에서 근무하게 되었다. 많은 시간을 같이 지내다 보니 서로의 사정을 속속들이 알고 지냈다. 그러던 중 그녀는 갑자기 암 진단을 받고 힘든 투병의 날이 시작되었다. 몸도 힘들고 넉넉하지 않은 살림에 항암치료까지 받아야 하는 그녀가 안쓰러워 살짝 조금의 도움을 주었다. 나는 그 무렵 남편의 사업이 확장되면서 퇴직을 했고 몇 년 후에 그녀가 완치 판정을 받았다는 소식을 전해

들었다.

그 후 내게 어려운 상황이 닥쳤다. 궁지에 몰리니 염치가 없었던지 그녀에게도 얼마간의 도움을 받았다. 시간이 흐르면서 다행히 내 주변이 정리되어 그녀에게도 돌려주겠다는 연락을 했다. 그녀는 받을 수 없다고 완강히 거절하면서 문자를 보내온 것이다.

나는 그녀에게 얼굴도 보고 식사라도 하자고 시간 장소를 알려주고 약속 장소로 나갔다. 오랫동안 못 보았던 그녀는 몇 년 전에 정년퇴임을 하고 아직도 규칙적으로 병원 진료를 받는다고 했다.

독실한 불자(佛子)인 그녀는 요즘 불교연구원에서 봉사를 한단다. 그녀는 언니는 기독교인이지만 종교를 떠나서 불경 중 하나를 알려주고 싶다면서 '무재칠시(無財七施)'를 내밀었다. 가진 게 없는 사람이라도 남에게 베풀 수 있는 일곱 가지가 있다는 것이다. 밝은 미소로 정답게 남을 대하는 것, 아름다운 말씨로 사랑과 격려, 칭찬의 말로 대하고 해가 되는 말은 하지 않기, 친절한 행동으로 약한 사람 짐을 들어주거나 일손 거들어주기, 착하고 어진 마음으로 사람을 대하기, 다른 사람의 좋은 점 보기, 지치고 힘든 이들에게 자리 양보하기, 편히 자고 쉴 공간을 주어 도와주기 등의 내용이다. 이 일곱 가지를 행하면 선행의 씨앗이 자라 많은 복이 따를 것이라고.

이것은 부처의 가르침이기도 하지만 성경에서도 비슷한 내용을 여러 곳에서 찾아볼 수 있다. "남이 너희에게 해주기를 바라는 대로 남을 대접하라.", "서로 친절하게 하며, 불쌍히 여기며, 서로 용서하라.", "선한 말을 하여 듣는 자들에게 은혜를 끼치게 하라." 등을 보더라도 모든 종교의 구심점은 일맥상통하지 않을까. 이런 배려는 굳이 종교를 등에 업지 않고도 우리 몸에 배어 무의식중에도 나올 수 있는 행위가 되었으면 좋겠다.

무엇보다 그녀는 내가 돌려주겠다는 것을 거절하면서 내게 '무재칠시'를 들이민 이유는 뭘까. 그녀의 의중을 알지 못한 채 우리는 쌓였던 얘길 나누며 덕수궁 돌담길을 걸었다. 헤어져 돌아와 그녀에게 카톡을 보냈다.

"오늘 많은 이야기를 나누고 돌아오면서 각자 겪었던 고통들이 있었음에 놀라고 내 고통이 제일 크다고 느꼈던 시절, 차라리 나의 빚과 질병을 바꿔달라고 기도했던 것이 나의 오만임을 깨달았다. 무엇보다 생명을 담보로 겪어야 했던 아픔 앞에서 나의 고통은 오히려 감사하며 견뎌야 하는 것이었다는 깨달음이 뒤늦게 나를 두드린다. 우리 건강 잘 챙기면서 즐거운 마음으로 지내자."

"언니 상황을 이해합니다. 빚은 타인과의 투쟁에서 오는 고통이라면 질병은 자기와의 싸움에서 겪어야 하는 고통이니까요. 언니와 저는 둘 다 이긴 보람된 삶을 살았습니다. 사랑하는 언니. 우리 이제 내면적으로 풍부해지도록 서로 이끌어주면서 보다 지혜로운 삶을 살아가십시다. '무재칠시'도 그중의 하나이겠지요?"라고 답했다.

세상살이가 물질로 베푸는 것만이 아니라 어진 마음으로 살펴주고 격려하며 양보하고 친절하게 대하는 것도 선행이 될 수 있다는 이치 앞에서 순간 내 머릿속을 잡아당기는 기억이 떠올랐다.

내겐 오랫동안 잊히지 않고 가슴을 콕콕 찌르게 하는 친구가 있다. 내가 헤어 나올 수 없는 힘든 상황이었을 때, 서로 속내를 주고받으며 친하게 지냈던 친구여서 나를 안아주고 토닥여주기를 기대했는데 뜻밖에 냉랭한 반응을 보여 화가 나고 섭섭했다. 그 후 나는 그 친구를 가지치기해버렸다. 서로 연락 없이 몇 년이 흐르고 우연히 슈퍼마켓에서 맞닥뜨렸는데 어제 본 듯 아무렇지도 않게 웃으며 대하는 친구를 보니 새삼 옛날의 서운함이 치밀어 올랐다. 굳은 얼굴로 어색하게 웃으며 헤어져 돌아오면서 내내 씁쓸했다.

오랜 시간이 흘렀으니 내가 먼저 빗장을 풀어야 할까 생각도 들었지만 그날 받은 상처 때문인지 마음이 열리지 않으니 어찌해야 할지 모르겠다. 그럴 수도 있었겠지, 하고 이해하는 것이 진정한 무재칠시를 행함일까.

소소한 일상을 뒤돌아보니 내게 절실하게 필요했던 따뜻한 말 한마디, 위로와 격려가 나를 지탱하고 어둡고 긴 터널을 빠져나올 수 있도록 용기를 주었던 것 같다. 이젠 내가 누군가에게 환히 웃으며 선한 마음으로 도움의 손길을 건네고 무엇보다 내 안에 묶인 매듭도 풀어내야 할까 보다.
　밝은 햇살 아래 연초록 새순이 뾰족뾰족 얼굴을 내민다.

어느 날의 메모

 가끔 불면증에 시달릴 때가 있다. 주위는 적막과 어둠으로 뒤덮인 시간, 많은 생각들이 줄지어 서 있었다. 잠을 자보려고 눈을 질끈 감고 양도 세어보고 별도 세어 보지만 그림같이 펼쳐지는 생각들로 결국 눈을 똥그랗게 떠버린다.
 어린 날 어머니께서 싱거미싱을 돌려 만들어준 포플린 원피스는 보랏빛 꽃무늬가 예뻤던 기억, 함께 살았던 외삼촌이 외출하면서 초등학교 입학을 앞둔 내게 '가갸거겨'를 익히는 숙제를 내주고 가면 나는 몸을 비틀며 비뚤비뚤 글씨를 썼던 기억이 이젠 오히려 싱그럽다. 집으로 돌아오는 외삼촌 손에 들린 까슬거리는 설탕이 묻혀진 왕사탕은 내게 빛이었다. 입안에 넣고 이리저리 굴리며 오래오래 단맛을 쪽쪽 빨아 먹던 사탕의 빛깔은 내게 오색 꿈이었다. 나의 빛과 꿈은 장면이 바뀌고, 사람이 바뀌고, 시간이 바뀌면서 몇 개의 언덕을 넘어서고 푸른 벌판을 지나 오늘에 이르렀다. 수많은 생각들이 어느새 새벽을 향한다.

교수님을 뵈러 요양원을 가는 길엔 마음이 울적했다. 20여 년 전 수필 강의를 해주시던 건장한 모습이 기억에 남아있는데 언제 이렇게 세월이 흘러 혼자 바깥출입도 힘들고, 집에서 보살필 수도 없는 지경이 되어 요양원에 들어가셨어야 했을까.

우리 일행이 면회를 간다는 소식을 듣고 교수님은 휠체어를 타고 입구까지 나와서 기다리고 계셨다. 핑크색 셔츠를 받쳐 입고 환한 얼굴로 미소 짓는 모습이 천진난만한 소년 같았다. 그런 모습을 뵈니 답답해하시던 요양원 생활을 잘 적응하며 지내고 계신 것 같아 무겁던 마음은 좀 가라앉았다. 같이 간 우리 일행의 얼굴을 보면서 이름을 생각해내려고 고개를 갸웃거리고 금방 입 밖으로 튀어 나올 듯 입을 오물거리신다. 익숙하게 불렀던 이름이 금방 생각나지 않으셔서 시간은 걸렸지만 그래도 어렵사리 불러주심에 우리는 어린애의 재롱을 볼 때처럼 박수를 쳤다.

요양원 면회실 탁자에 둘러앉아 나눈 얘기는 건강을 유지하기 위해선 잘 드시고, 운영하는 프로그램에 참여하면서 운동도 하시라는 짤막한 얘기 정도였다. 말없이 듣고만 계시던 교수님께서 뜬금없이 "내가 왜 여자들에게 인기가 많은 줄 모르겠어. 잘생긴 것도 아니고 매력이 있는 것도 아니고, 말을 잘하는 것도 아닌데…." 하셨다. 우린 모두 똑같이 소리쳤다. 바로 그것이라고. 시골 면장님 같은 수더분한 모습에 어눌한 말투, 껄껄대며 웃는 모습이 인기비결이라고. 그랬다. 느린 듯 그러나 막힘없는 강의는 20년 동안 한결같아서 인기리에 이어져 왔나 보다. 가끔 강의실을 벗어나 이곳저곳 문학기행을 다니면서 작가들의 자취를 상기시켜 주신 그 시간들을 교수님은 기억하고 계실까.

오래도록 지금 모습 그대로이시길 바라면서 아쉬운 만남을 뒤로 하고 요양원을 나왔다. 문득 고개 들어 건물 위쪽을 보니 직원들의 도움을 받아 건물 옥상에서 우리에게 두 손을 흔들고 계시는 모습이 보였다. 이젠 스스로 자유롭게 드나들 수 없고 오로지 누군가에게 의지하여 일상을 보내야 한다는 것이 안타깝다. 길이 꺾이면서 더는 볼 수 없었지만 한동안 그 자리에 머물고 계셨으리라. 눈물이 핑 돌았다. 나도 언젠가 누군가를 배웅하며 애틋한 마음으로 저렇게 두 손을 흔들고 있을까.

오늘밤에도 숲에서 불어오는 바람을 맞으며 긴 생각을 할 것 같다.

5부

삶의 현장에서
노벨문학상 수상을 보면서
사랑의 향기
세월의 모퉁이를 돌아
한 그루의 나무
그립다 말을 할까
감사의 날들
AI의 위력

삶의 현장에서

 그는 주검을 앞에 놓고 부검을 시작할 때면 기도를 드린다고 했다. '다신 아프지 않게 해달라고. 좋은 곳에 가시길 바란다.'고.
 어느 날 TV에서 유명 연예인과 이야길 주고받는 Y 교수의 모습을 보았다. 그는 죽음을 연구하는 교육자, 즉 법의학자로 "삶의 마지막에 등장하는 빛도 없는 카메오."라고 자기 소개를 했다. 그는 매주 두 번씩 부검을 하는데 많은 사람이 기피하는 직업이지만 본인은 직업적으로 보람 있는 일이라고 했다. 다만 "마음 아픈 사연이 없었으면 하고, 힘든 인생을 사신 분들이 밝은 얼굴로 그곳에 있길 바라는 마음"이라고 말했다. 가장 마음 아팠던 기억은, 불길에서 네 살 된 아들을 구하고 세상을 떠난 엄마를 부검하는데 눈가에 눈물이 말라붙은 자국을 보았을 때였다고 한다. 어린 아들을 두고 세상을 떠나야 하는 엄마의 애달픈 순간이었으리라.

그의 인상은 온화하고, 밝고, 평온한 모습이었다. 그는 카메오지만 그래도 뭔가를 끄집어내어 알리고자 하는 역할을 하면서 고인이 조금이라도 편히 눈감을 수 있도록 최선을 다할 뿐이라고 했다.

또 다른 흉부외과 의사는 환자를 수술하면 퇴근도 안하고 수술 환자의 상태를 살피며 힘든 시간을 보내지만 사람을 살리기 위한 삶이라는 보람이 있다고 밝게 웃으며 말했다. 다만 갈수록 흉부외과를 이어갈 지원자가 거의 없어 난감하다고.

올해 들어 몇 개월째 종식 되지 않는 코로나19 때문에 우리의 일상생활도 양상이 바뀌어 외출하려면 얼굴을 반쯤 가리는 마스크를 쓰고 나가고, 반가운 사람을 만나도 멀찌감치 서서 눈웃음을 주고받는 것으로 마음을 보여주고, 학생들은 등교하지 못한 채 집에서 온라인 수업을 받는 등 이런 풍경들을 대하는 게 낯설고 생경하다.

전 세계가 긴장하고 있는 상황에서, 각자의 일상은 못 챙기고 묵묵히 치료에만 전념하여 우리의 생활이 조금씩 활기를 띨 수 있도록 해주는 의료인들의 희생과 봉사에 대해서 감히 무슨 말로 감사함을 표현할 수 있을까. 특별히 우리나라 의료진의 실력과 방역 대책은 많은 나라에서 주목하고 있는 실정이라니 참 자랑스럽다.

내 친구는 요즘 방영되었던 의사들의 일상을 그린 드라마를 보고 의사들이 정말 존경스럽고 고맙다고 했다. 각자에게 맡겨진 환자의 회복을 위해서 밤잠을 못 자면서 살피고, 개인적인 삶보다는 의사로서의 책임 있는 삶이 우선시 되어 환자와의 소통과 치료, 동기들 간의 사랑과 우정이 잘 그려졌던 드라마였다.

  요즘 기피하는 극한 직업의 하나로 택배물류를 차에 옮겨 싣고 주문자에게 배달하는 업종이 있다. 추운 겨울이나 무더운 여름날에도 그들은 무거운 짐을 들고 달린다. 더구나 요즘은 사시사철 생산되는 농수산물도 한몫을 더해 힘듦을 가중시킨다. 우리는 편안히 집에 앉아 받으면서 때론 음료수 하나로 고마움을 표현해 보지만 뭔가 아쉽다.

  아주 어렸을 적 기억이 난다. 당시엔 재래식 화장실이 어느 정도 차면 그것을 돈 받고 처리해주는 분들이 있었다. 기다란 막대기 양쪽 끝에 긴 갈고리를 만들어 통을 매단 것에 직접 오물을 퍼 담고, 막대기를 어깨에 메고 좁은 길을 게걸음으로 조심조심 걸어가는 것을 보았다. 그것을 우리는 똥장군이라고 불렀다. 아저씨가 출렁대는 통을 붙잡고 지나가는 동안 친구들과 나는 손으로 코를 싸매 쥐고 한쪽으로 비켜 서 있곤 했다. 또한 수도시설이 안되어 있던 그 시절은 집에 우물이 없는 높은 지대의 주택엔 물통을 막대기에 매달아 물을 퍼 날라주던 사람도 있었다. 시절이 좋아져서 이젠 까마득한 옛 얘기가 되어 요즘의 아이들은 당시 상황을 상상도 못하리라.

 예나 지금이나 모두 기피하는 일을 누군가 해주지 않았다면 우리의 실생활은 엉망이었을 것이다. 곳곳에서 위험과 불편을 감수하고, 내 삶을 양보하고, 자신의 맡은 업무를 묵묵히 실행하는 힘든 직업의 종사자들은 이 사회의 꼭 필요한 역할을 감당하고 있는 것이다. 다만 이 분들의 복지가 증진되고, 인간 존엄을 헤치는 행위는 당연히 사라져야 하며 서로의 본분을 존중하는 사회가 되었으면 하는 바람이다. 우리 삶의 다양한 형태를 보면서 많은 사람들이, 본인이 살아가는 삶에 보람을 가지고 만족하며 즐겁게 살아가기를 또한 바란다.

 결국 어느 분야에서도 어려운 일이건, 쉬운 일이건, 힘들건, 편하건, 너도나도 어딘가에서 무엇으로 꼭 필요한 존재들이다.

 초등학교 3학년인 손녀는 '미래의 나'를 '퇴근하는 남편을 위해 저녁을 준비하고, 아기와 놀아주다가 재우고, 밤중에 병원에서 콜이 오면 달려 나가는 의사'로 그렸다.

 하하. 지금의 꿈대로 꼭 모든 역할을 감당할 수 있기를…….

노벨문학상 수상을 보면서

저녁 8시 무렵, TV에서 속보가 터졌다. 올해 노벨문학상 수상자는 한국의 한강 작가라고. 놀라움에 가슴 두근거리며 책꽂이 앞에서 한강의 소설을 찾았다. 《채식주의자》,《소년이 온다》,《흰》이 반가움과 함께 눈에 들어왔다. 그녀의 노벨문학상 수상 소식에 내가 괜히 가슴이 벅차고, 마음도 설레고, 누군가랑 이 기쁜 얘기를 나누고 싶었다.

노벨위원회 위원장은 "역사적 트라우마를 직면하고 각 작품에서 삶의 취약성을 드러내는 한편, 시적이고 실험적인 스타일로 현대 산문의 혁신적인 모습을 보여주었다."고 선정 이유를 밝혔다. 한강은 우리나라 최초, 아시아 최초 여성 노벨문학상 수상자가 되었다. 수상 소식을 전해들은 그녀의 반응은 담담하고 조용했다.

뉴스를 접해보니 한강은 시로 등단하고 신춘문예 소설 부문에서 〈붉은 닻〉이 당선되면서 지금까지 수많은 작품들을 발표하고 맨부커상을 비롯해 국내외에서 이름 있는 상을 수상하였다니 노벨문학상을 받을 자격이 충분하지 않았을까.

한강이 맨부커상과 노벨문학상 수상에 큰 역할을 해준 사람은 번역가 데보라 스미스였다. 그녀는 2010년부터 한국어를 독학하고 런던 대학교에서 한국문학 박사과정을 마쳤다고 한다. 그녀는 한강의 작품을 해외 독자들이 작품 속에 내재된 내용과 상징적인 묘사, 한국의 정서를 제대로 이해할 수 있도록 번역을 잘해 주었다고 본다. 해외 문학상 수상자가 되려면 무엇보다 번역이 크게 좌우되는 현실임을 감안할 때 한강과 데보라 스미스는 합이 잘 맞았던 것 같다.

몇 해 전 《채식주의자》를 처음 읽었을 때 끝까지 읽기가 싫어 중간에 책장을 덮었던 기억이 있다. 독특한 묘사와 내용임에는 틀림없지만 주인공 영혜의 주변에서 일어나는 일련의 상황들이 무겁고 어두웠다. 《흰》도 장르가 소설이라는 것은 염두에 두고 읽었지만 긴 산문시 같은 느낌이었다. 어쨌거나 그녀의 소설을 제대로 읽지 않고 덮어두었으니 좋은 작품을 알아보지 못한 나의 수준이 민망해진다. 이제라도 찬찬히 읽어가면서 깊은 의미를 찾아볼 작정이다.

그런데 노벨문학상 수상자에 수필가는 없었을까. 내가 수필을 쓰다 보니 궁금함을 참지 못하고 초록창을 들어가 보았다.

1901년부터 지금까지 100여 년 동안 수상자는 대부분 시와 소설이고 희곡이 십여 명, 철학이 세 명 정도였다. 수필은 1953년 윈스턴 처칠의 《제2차 세계대전 회고록》과 2015년 스베틀라나의 《체르노빌의 목소리》가 전부였다.

두 편의 수상작은 객관적인 고증과 자료를 가지고 2차 세계대전을 회고한 글과 1986년 우크라이나의 체르노빌에서 핵 원자로가 폭발하여 방사능이 누출된 사고로 생긴 피해자들을 인터뷰한 내용이라고 하는데 세계적으로 문제가 되는 역사적 사건이 수상에 큰 비중을 차지했나 싶다. 그렇다면 급격히 변천하는 사회에서 수필은 무엇이 소재로 대두되어야 할까. 함축과 비유로 써내려가는 시나, 주변의 이야기, 역사. 독특한 소재를 허구의 세계와 접목해 꾸며 나가는 소설만큼 수필도 일상생활에서 선택한 다양한 소재와 체험을 바탕으로 독자들에게 감명과 공감을 줄 수 있는 글의 세계를 구현할 수 있지 않을까.

고교시절 읽었던 피천득 님의 〈수필〉에서 수필은 "청춘의 글은 아니요, 서른여섯 살 중년 고개를 넘어선 사람의 글"이고 "정열이나 심오한 지성을 내포한 문학이 아니요 그저 수필가가 쓴 단순한 글"이라고 했다. 그러나 요즘의 수필은 심오한 지성을 내포하며 "붓 가는 대로 쓴 글", "무형식의 형식"이라고 배운 것에 반하여 새로운 스타일로 실험적 수필세계를 시도하고 있음을 볼 수 있다. 〈수필〉의 마지막 부분에서는 "균형 속에 있는 눈에 거슬리지 않는 파격이 수필인가 한다."라고 했다.

그러려면 "마음의 여유를 필요로 한다."고 덧붙이면서. 여기저기 쓰인 수필작법을 읽고 있으면 나에게 편안한 수필의 길잡이가 되는 것이 아니라 머릿속만 더 복잡해진다.

어쩌면 나는 비겁한 수필가일 수도 있다. 내 나름대로 어떤 사회적 문제에 대한 확고한 신념이나 지식이 없어서 이념적인 글을 쓸 자신이 없고 새로운 것에 대한 적극적인 도전도 하려고 하지 않는다. 수필세계에 발을 디딘 것만으로 나 자신 만족해하면서 안일한 생각과 태도로 그냥 원만하고 보편적인 소재를 잡아 평이한 글을 주로 쓰고 있다. 나는 앞으로도 많은 생각을 불러일으키는 심각하고 전문적인 글보다 내가 사랑하는 사람들의 정겨운 이야기를 쓰면서 소박하고 맑은 감성, 삶의 희망과 기쁨을 그리고 싶다.

한강의 노벨문학상 수상을 계기로 앞으로 우리나라 수필가들 중에서도 전 세계가 관심을 가지고 공감하는 수필을 발표하여 노벨문학상을 받는 날이 꼭 오기를 바라면서 오늘은 마침 얼마 전 딸 내외가 부부 싸움하는 것을 보고 손자가 내게 살짝 일러바친 이야기를 소재 삼아 달고 쓴 인생의 맛을 써보려고 습작노트를 들고 나의 아지트로 향한다.

사랑의 향기

"꽈리고추는 길쭉길쭉하고 큰 것으로 고르세요. 꼭지를 따고 씻어서 물기가 남아 있을 때 소금을 조금 뿌리고 찹쌀가루를 묻혀 두시구요."

그녀의 오늘 요리는 '꽈리고추쇠고기말이'이다. 눈이 동그랗고 손끝이 야무진 그녀는 나긋나긋한 음성으로 설명하며 재빠른 재료 손질로 요리를 완성해 간다.

그녀는 이십 년 이상 가정 선생님으로 교직에 몸담고 있다가 퇴직하여 유명한 맛 선생을 찾아다니며 우리 전통요리를 배우고 익혀서 지금은 본인의 연구실도 차리고 백화점 문화센터 강사로도 나간다. 나와 그녀는 삼십 년 지기인지라 친자매나 다름없이 지내는 사이다. 한가한 시간, 그녀의 손끝에서 완성되어 나오는 갖가지 음식들을 보고 있으면 나의 눈과 입은 감탄사 가지고는 모자란 느낌이다. 예쁜 빛깔과 모양, 입에서 살살 녹는 맛의 양갱, 약과, 개성 주악 등…. 또 혼사에 빠질 수 없는 폐백 음식이며 이바지 음식은 정성과 솜씨가 어우러져 가히 예술이라 하겠다.

늦가을 어느 날 그녀는 홍옥을 두 상자나 샀다. 한철 잠깐 수확되는 홍옥을 놓칠까봐 과일가게를 몇 군데 들러 겨우 구했단다. 홍옥은 빛깔과 향이 좋아 건정과를 만든다. 그녀는 그 많은 사과를 깨끗이 씻어 얇게 조각내고 설탕물에 이, 삼일을 절였다가 하나하나 쟁반에 펼쳐 널고 선풍기바람까지 동원하여 하루를 말리고 다시 뒤집어서 말렸다가 설탕을 살살 뿌려서 또 하루를 말려서 마무리한다. 홍옥건정과는 은은한 향과 새콤달콤한 맛, 그리고 입에서 씹히는 쫄깃함이 그만이다. 기계에 의해 만들어진 것이 아니고 손수 정성을 다해 만든 것이라 누구에게나 추천하고 싶은 훌륭한 간식이다. 수천 개의 사과 조각을 일일이 뒤집기를 서너 번씩 하노라면 몸이 귀찮고 고단할 텐데도 늘 웃는 얼굴이다. 음식을 만드는 사람이 즐겁고 행복한 마음으로 요리를 해야 먹는 사람도 행복하지 않겠느냐면서. 나는 그녀가 홍옥을 우려낸 핑크빛 액체에 레몬즙을 두어 방울 떨어뜨려 건네준 사과차의 향긋한 내음에 반해버렸다.

나도 그녀에게 정식으로 요리를 배우러 다니기 시작했다. 요리 선생이 되고 싶다거나 뛰어나게 요리를 잘하고 싶어서가 아니라, 난 그저 식구들에게 내 손으로 음식을 만들어 먹이고 싶어졌기 때문이다. 마침 백년손인 사위도 맞았는데 배달음식을 먹거나 외식을 하자니 내 마음이 좀 불편했다.

"쇠고기는 채끝등심으로 포 뜬 것을 준비하여 양념에 재 놓았다가, 찹쌀가루가 묻은 꽈리고추에 고추 양끝이 보이도록 쇠고기를 감아주세요. 팬에 식용유를 두르고 타지 않게 굴려가며 구워서 접시에 예쁘게 담고 고기 위에 잣가루를 뿌리면 됩니다. 음식은 재료나 손질도 중요하지만 내 마음의 사랑을 듬뿍 담아 조리해 보세요."

그녀는 완성된 요리를 접시에 동그랗게 돌려놓고 잣가루를 뿌린다. 상에 둘러앉아 시식을 하는 우리는 입도 마음도 즐겁기만 하다.

나는 필요한 재료를 구입하고 서둘러 집에 돌아와 배운 대로 열심히 만들어 본다. 꽈리고추쇠고기말이와 지난번에 배웠던 낙지떡볶이를 만들며 맛있게 먹어 줄 가족들, 특히 낙지를 잘 먹는 귀염둥이 손자 생각에 손놀림이 바빠진다. 낙지 떡볶이는 준비한 소스에 볶아놓은 고기랑 떡, 그리고 데친 낙지와 야채를 함께 넣어 살짝 볶은 후 참기름 한 스푼으로 맛을 마무리한다. 정말 고소한 사랑의 향기가 폴폴 솟아오른다.

레시피대로 조리를 하면서 나는 그녀의 요리에 대한 열정과 행복한 마음까지 듬뿍 받고 싶다. 문득 그녀가 요리를 완성하기 위해 마지막에 떨어뜨리는 참기름 한 방울의 의미를 내 삶에 견주어 본다. 지금 내 삶은 어떤 요리가 되어가고 있을까. 꿈과 욕망, 겸손과 오만, 진실과 위선을 앞에 놓고 아직 재료도 결정하지 못했을까? 아님 신뢰와 존경, 기쁨, 행복, 이 모든 재료를 섞어 맛을 내기 위해 조물거리고 있을까. 내 삶을 멋지게 마무리하기 위해 떨어뜨려야 할 마지막 한 방울은 무엇일까? 용서와 화해, 그리고 사랑일까……

세월의 모퉁이를 돌아

"눈 내리는 겨울, 한 해의 끝자락에 서면 노래가 되고 울음이 되고 꿈이 되었던 지난 시간의 무늬들을 천천히 단단하게 읽고 있겠지요. 흰 눈에 마음을 기대는 사람들의 표정을 생각하면서……."

한 편의 시와 같은 원고 청탁서를 받고 마음 밑바닥부터 올라오는 일렁임을 한동안 되짚어 음미하고 있었다. 문득 어딘가 훌쩍 떠나고 싶어져 길을 나섰다. 차창 밖으로 추수를 끝낸 너른 들판에 하얀 비닐로 싸인 건초더미가 뒹굴고 있는 게 보인다. 두 시간 가까이 달려가 핑크와 보라색 꽃으로 만든 꽃다발을 안고 터널 같은 가을 길을 걸었다. 어머니는 내가 가면 언제나 나를 포근히 안아주시는 듯하다.

"네가 내 곁에 있어서 참 좋다. 고맙다." 하시던 어머니의 목소리가 울려 퍼진다. 환하게 웃으시던 모습이 그리움을 안고 나를 파고든다. 어머니는 따뜻하고 온화하셨다. 외출하실 때면 주위에 친지 분들에게 주신다고 늘 무엇인가를 챙겨들고 나가서 건네주곤 했다. 손수건, 양말, 향수, 껌 등 작은 선물이었다.

봄이면 어머니를 모시고 근교로 나가 얕은 산자락에서 쑥을 캐기도 했다. 큰 봉투를 들고 갔다가 쑥이 채 나오기 전이라 한줌도 못 캐고 돌아오면서 깔깔대며 웃으시던 모습, 제부도에 조개 캐러 갔다가 두 시간을 엎드려 갈고리로 긁어댔지만 달랑 조개 한 마리 캐고 파안대소하시던 모습이 눈에 선하다. 어머니는 95세가 되면서부터 걷기가 불편해 부축을 해야 했고 자연히 바깥출입이 줄어들었다. 잘 걸으실 때 더 많이 모시고 다녀야 했었는데. 스산한 가을바람에 낙엽이 뒹구는 오늘은 어머니가 더욱 생각나고 나의 등을 토닥거려 주셨던 손길이 그리워진다.

길을 걷다 보면 지팡이를 짚고 불편한 걸음을 걷는 어르신들을 본다. 주위에 건강한 이들도 있지만 유독 더 눈에 밟히듯 보이는 것은, 거기에 위태롭게 걷던 어머니의 모습이 겹치고 머잖아 나이든 나의 모습까지 겹쳐 보이기 때문이다.

며칠 전 우리 문학동인지 출판기념회가 있었다. 20년 가까이 수필 강의를 해주셨던 교수님은 거동이 불편하셔서 참석하시는 게 염려되었는데 며칠 전부터 날짜를 확인하시고 꼭 참석할 거라고 전언을 보내셨다. 힘들게 도착한 교수님은 지팡이를 짚고 부축을 받고도 어렵게 걸음을 떼셨다. 자리에 앉아서 인사드리는 제자들의 이름을 생각해내시면서 "나는 아직 치매는 안 왔어요." 하신다. 어쩌다 세월이 이리 지났고 비껴갈 수 없는 늙음은 이리도 빨리 오는 걸까. 코스에 따라 나오는 음식을 손이 떨려서 제대로 드시지 못하는 것을 보고 앞에 있던 나이 많은 제자가 보다 못해 떠먹여드렸다. 그것을 어린애처럼 받아 드시는 모습을 보았을 때 뭐라 형용할 수 없는 야릇한 마음이었다. 당신의 이런 건강상태에도 불구하고 학생들이 그립고 보고 싶다고 어려운 걸음하신 교수님의 마음과 우리에게 비춰진 모습이 두 갈래로 오락가락했다.

바바리코트를 입은 중후한 중년신사의 모습이었던 교수님의 첫 수업시간은 지금도 생생한 기억으로 남아있고 내 마음속에선 그 모습만 남기고 싶다. 교수님과의 지난 시간들이 스쳐 지나간다. 달변은 아니셨다. 어눌한 듯 소박한 말투와 껄껄 웃으시며 지니신 문학적 지식을 우리에게 가르쳐주시던, 그래서 질리지 않는 강의로 오래도록 우리와 함께하신 것 같다. 교실 내 수업 외에 여행 삼아 다녔던 문학기행은 꿈같았던 이야기와 즐거움을 남겼다. 서정주문학관에서 국화 향기 속에 빠졌던 날, 선운사 동백길, 벚꽃이 날렸던 강릉 허난설헌 생가, 욕지도의 비 갠 파란 하늘, 대만의 구불구불한 골목을 누볐던 지우펀,

야류공원에서 보았던 여왕머리 바위, 제주도의 곶자왈과 푸른 파도 가까이 거닐던 바닷가…….

　문학의 향기를 찾아 동행하며 얘기 나누고, 함께 웃고, 즐겁기만 했던 시간들이 쌓여 이젠 추억으로 남아있다. 과거로의 여행. 그 시절에 파묻히고 싶은 순간들이 내 안으로 들어온다.

　누군가 해는 지기 전에 가장 아름다운 빛을 발한다고 했다. 붉은 노을 속에 지는 해는 장엄하리만큼 아름답고, 빨강, 노랑, 주황으로 물들어 떨어지는 낙엽은 또 얼마나 사랑스러운지……. 어쩌면 나의 삶도 가장 아름다운 시절에 걸쳐 있다는 생각이 든다. 남은 시간 하루하루를 설렘으로 시작하고, 매일 감사하는 마음으로 살아야 할까 보다.

　이제 곧 거리엔 크리스마스트리가 반짝일 것이고, 구세군 냄비의 종소리도 울려 퍼질 것이고, 새해를 맞이할 건배사도 쏟아질 것이다. 나는 세월의 모퉁이를 돌아서며 '노래가 되고, 울음이 되고 꿈이 되었던 지난 시간의 무늬들'을 되새길 것이다.

한 그루의 나무

  우리는 가끔 어떤 모임에서 돌아가면서 노래를 부를 때가 있다. 그 때, 바로 앞 사람의 노래 실력이 뛰어나면 그 다음 지목된 사람은 자연히 위축되고 노래 부를 자신이 없어진다. 내가 지금 그렇다. 예부터 "형만 한 아우 없다."고 했듯이 멋진 사진과 어우러져 유려한 문장을 보여주었던 언니의 포토에세이를 뒤이어 글을 쓴다는 것은 마음에 여간 부담이 되지 않는 게 아니다.
  나와 언니는 여느 자매들처럼 투닥거리며 싸우다가, 엉켜서 깔깔대는 일은 절대로 없었다. 아마 열세 살의 나이 차이 때문이기도 했고 어릴 적 언니는 엄마보다 더 무서운 호랑이 언니였다. 내 기억에 대여섯 살쯤이었던 것 같다. 나는 언니의 미용실(?) 단골손님이었다. 겨울날 아랫목에 놓인 화롯불에 화젓가락을 달구어 내 머리에 웨이브를 준답시고 요리조리 말았다가 풀면 정말 라면발 같은 꼬부랑 머리가 나왔다. 때론 리본을 끼워 별스럽게 머리를 땋아주기도 했는데 나를 예쁘게 보이려고 했는지, 아님 언니가 재미삼아 했는지는 잘 모르겠다. 어쨌거나 나는 그런 치장에 별 관심이 없었기에 그리 즐겁다기보다 귀찮아하며 꾸벅꾸벅 졸고 있을 때가 많았다. 내 기억엔 없지만 언니는 내가 갓난아기였을 때부터 엄마를 도와 목욕도 시키고 내 저고리도 만들어 입히고, 엄마가 외출하실 때면 나를 돌보는 것은 언니 몫이 되어 나를 많이 업어주었단다. 언니는 우스갯소리로 그 은혜를 갚아야 한다고 했던 말도 생각난다.

어린 시절부터 내 눈에 비친 언니는 똑똑하고, 뭐든지 잘하고, 학교 공부도 우수했고, 매사 예리하고 정확했다. 반면 나는 어리숙하고, 지혜롭지 못하고 그저 두루뭉실 좋은 게 좋다는 식으로 살았다. 나이 들어 가정을 꾸려 나가면서도 바보처럼 사는 나를 보며 언니는 답답했을 테고 정작 내가 삶의 절벽에 맞닥뜨렸을 때도 비난이나 힐책도, 위로나 격려도 하지 않았다. 그냥 무심한 듯 모른 척하며 가만히 손만 잡아 주었다. 나는 언니의 마음을 안다. 말없이 바라보는 눈빛에서 나는 많은 걸 느낄 수 있었으니까. 나 역시 하고 싶은 말은 많았지만 마음속에만 담아 두었을 뿐 언니에게 구구한 말을 하지 않았다.

언니랑 나는 목소리와 얼굴이 무척 닮았다고 주위에서 말한다. 언니네 집에서 전화를 받으면 내가 언니인 줄 알고 한참

통화를 하다가 동생이라고 하면 놀라기도 하고, 언니가 자주 다니는 곳에 내가 가면 언니로 착각하고 인사하는 분들도 있다. 형부는 내가 더 예쁘다고 했는데……. 하하.

올해로 희수喜壽를 맞은 언니는 오히려 가족과 친지들에게 선물을 주었고, 지난 회갑回甲 때도 주변 가까운 가족들에게 감사카드를 보내주었다. 내게도 금일봉과 함께 카드를 보내왔다.

사랑하는 동생에게
지나온 세월, 너로 인해 내 인생이 더욱 행복했고
지금까지의 삶이 너 때문에 더욱 풍요롭고 보람이 있었나 보다.
항상 내 동생을 있게 해주신 하나님께 감사드린다.
이 세상 다하는 날까지 사랑하는 맘 변치 않으리라 믿으며.
— 회갑을 맞아 언니가

이런 카드를 받은 동생이 또 있을까. 나는 이 카드를 소중히 간직하고 있으면서 힘들고 지칠 때 꺼내보곤 했다. 나는 언니가 인생의 동반자로 가장 믿고 사랑하는 형부와 함께 회혼례回婚禮도 치르고, 미수米壽, 구순九旬, 백수白壽까지 건강하게 편안하게 지내시길 기원한다.

나에게 '엄마' 다음으로 정겨운 이름은 '언니'다. 언니는 내게 또 한 그루의 커다란 나무이다. 나는 그 커다란 나무 그늘에서 삶에 지친 땀도 식히고 마음에 평안과 위로도 받으며 나뭇잎을 스치는 바람의 속삭임을 들을 수 있으리라. 밝게, 긍정적으로, 지혜롭게 살아가라는…….

  이제 언니의 뒤를 이어 글을 쓰면서 앞에 펼쳐 놓았던 수많은 사연과 멋진 자연의 세계를 훼손하지 않는 글, 나만의 색깔, 내 나름 진솔한 삶의 이야기를 펼쳐 나가보리라 생각해 본다. 누군가, 어디에선가 내 글을 읽는 분들께 사랑을 건네주고, 희망과 용기를 주고, 웃음을 주고, 마음에 잔잔히 이는 감동을 주고 싶다. 나도 누군가에게 편안한 쉼터가 될 수 있는 한 그루의 나무가 되고 싶다.

그립다 말을 할까

안녕 엄마!

저녁 먹기 전에 편지 써요.

어제까지만 해도 먹고 싶은 것이 없었는데 엄마가 오실 날이 가까워선지 오늘은 김치찌개 생각에 침이 나와 죽겠어요. 와 보시면 알겠지만 잘 지내고 있으니 걱정 마세요. 봉사는 할 만하니까. 요즘은 내가 자주 가는 '다야단'에서 시각장애와 자폐증을 함께 가지고 있는 여자애들 셋을 돌보는데 오늘 한 아이가 열이 나서 얼마나 보채는지 안쓰러워서 혼났어요. 어젠 임종을 앞둔 환자들이 있는 '깔리갓'에 가서 설거지도 하고 누워만 있는 환자들 마사지해 주고 그랬어요. …… (중략) …… 엄마, 오실 때 참치 캔이랑, 천하장사 소시지, 그리고 커피믹스 좀 가져오세요. 여기 친구들과 나눠 먹게요. 우와! 낼모

레면 엄마 보겠네요. 델리에서 만나요~.

　　　　　　　　2000. 11. 21. 캘커타에서 지현 올림

　날씨가 무척 더워 외출하기도 싫어서 모처럼 컴퓨터 앞에 앉아 오래된 이메일을 정리하던 중 딸애가 내게 보냈던 이메일을 보았다.
　벌써 17년의 시간이 흘렀다. 딸애는 대학원을 다니다가 갑자기 휴학계를 내고 인도 캘커타의 마더하우스에서 봉사활동을 하고 오겠노라고 훌쩍 떠났다. 나는 걱정도 되고 어떻게 지내는지도 보고 싶고, 모처럼 딸과 여행도 하고 싶어 인도로 향하는 비행기를 탔다. 딸애와 미리 약속된 스케줄은 우선 델리에서 만나 인도의 트라이앵글 지역을 돌아보고 캘커타로 돌아가는 여정이었다. 나는 서울에서 출발하여 8~9시간 만에 어두워진 델리공항에서, 캘커타에서 국내선으로 이동한 딸과 만났다. 두어 달 만에 만났지만 반가웠다. 우리는 한국말을 하는 인도인 가이드를 소개받아 넓은 대륙의 일부만이라도 훑어보는 여행을 했다. 수도인 델리를 돌아보고 아그라로 가서 타지마할궁전을 보았다. 황제인 샤자한이 사랑했던 왕비 뭄타즈 마할이 죽자 그녀를 위해 건축한 묘인데 하얀 대리석에 여러 가지 보석을 박아 22년에 걸쳐 지어진 아름답고 신비로운 건축물이었다. 그 내부를 들어갈 땐 신성한 지역이라고 신발을 벗고 맨발로 다녀야 했다. 한 사람의 무덤이 그렇게 거대하게 만들어졌으니 뭄타즈 왕비는 죽어서 더 큰 호사를 한 것 같았다.

건물이 모두 핑크색으로 입혀진 핑크 도시 자이푸르를 거쳐 딸애랑 나는 늦은 밤 캘커타에 도착했다.

내가 인도에 오기 전, 딸애는 마더하우스 근처, 십여 명이 함께 생활하는 도미토리에서 기거를 했기에 며칠 머무를 나를 위해 호텔을 예약해 두었다고 했다. 당시만 해도 캘커타의 대표 숙소로 꼽히는, 영화 〈시티오브 조이〉의 작가가 머물면서 글을 쓴 곳이라는데 현대적이고 깨끗하진 않지만 짱이라고 소개했었다. 방 키를 받아 계단을 올라가는데 삐걱거리는 소리가 묘한 분위기를 자아냈다. 방문을 열었는데 낡은 옷장 하나와 스프링이 불거져 나온 침대가 있었고, 방 뒤편으로 골목처럼 돌아가니 시멘트 바닥 위에 하얗고 둥그런 법랑 욕조가 덜렁 놓여있었다. 그 욕조에 들어가려면 옆에 놓인 서너 개의 계단을 밟고 들어가야 했고, 오래된 변기는 지저분하고 부서질까봐 앉을 수도 없었다. 침대에 누워보니 튀어나온 스프링이 등을 쑤셨다. 아무래도 투숙하기 불편할 것 같아 위약금을 물고 좀더 현대식 시설을 갖춘 호텔로 옮겼다.

다음 날 아침 일찍 우리는 마더하우스로 출발했다. 가는 길은 무슬림 빈민가를 지나서 20분 정도 간다고 했다. 낯선 풍경을 지나 도착한 마더하우스는 마더 테레사 수녀님이 세운 봉사단체가 있는 성당으로 그 안에 수녀님의 무덤이 있었다. 평생

가난하고 병든 사람을 위해 봉사하여 '빈자의 성녀'로 추앙받던 수녀님을 생각하며 주황색 꽃잎이 뿌려진 무덤을 둘러보고, 그곳에서 가까운 장애유아보호소로 갔다.

눈앞에 펼쳐진 풍경은, 서너 살쯤 된 아이들 몇은 철제 침대 위에서 오줌을 싸놓고 울고 있고, 젖먹이 몇은 기저귀 사이로 싸놓은 똥이 흘러나온 것도 모른 채 손가락을 빨며 놀고 있었다. 또 다른 애들은 침대에 묶여서 아무 표정 없이 누워 있었는데 나는 썰렁하고 고약한 냄새가 나는 곳에 서 있기 조차 거북했다. 딸애와 다른 봉사자들은 앞치마를 두르고 능숙하게 애들을 안고, 씻기고, 침대를 닦고, 옷과 기저귀를 새로 갈아 입혀 스펀지가 깔린 바닥에 앉혀 놓고 책을 보여주고, 우유에 적신 식빵을 먹여주기도 했다. 소리를 바락바락 지르며 발을 동동 구르는 애, 다리가 없이 골반에 바로 발이 붙어있고 어깨에서 손이 나온 눈망울이 예뻤던 아이, 정신지체아로 콧물과 침이 흘러도 닦을 줄 모르고 내 품에 안기려던 아이….

나는 갑자기 가슴이 저려 오면서 눈물이 쏟아졌다. 신은 왜 천사 같은 아이들에게 이런 형벌을 주셨을까. 나는 그 애들이 불쌍하면서도 선뜻 내 손으로 닦아주고 만져주기가 꺼려졌다. 결국 한나절 참관(?)을 하고 돌아오고 말았는데 지금도 그 아이들을 생각하면 마음이 아프다. 사랑으로 안아주지 못했음이 늘 체한 가슴같이 남아 있어 언제 다시 한번 기회가 주어진다면 마음을 열고 진정으로 그들을 보듬어 주고 싶다.

딸애가 어떤 생각으로 대학원을 휴학하고 수개월 동안 먼 곳에 와서 봉사를 하고 싶어 했는지는 내 나름 짐작할 뿐이지만 '엄마보다 훨씬 마음이 크고 값진 삶을 사는구나.' 하는 생각을 하며 몇 개월 더 있겠다는 딸애를 남겨두고 나 혼자 돌아왔었다.

어느새 딸애는 결혼하여 두 아이의 엄마가 되었고 나는 할머니가 되었는데 마음은 아직도 아쉬움으로 머무르고 있으니……. 인도에서 서툰 한국말로 우리를 안내해 주었던, 작은 키에 안경을 쓴 동그란 얼굴의 가이드도 생각나고, 딸애랑 코끼리를 타고 올라갔던 암베르성도 아른거린다.

뜨거운 햇볕이 내리쬐는 오후. 창밖을 내다보고 있노라니 불현듯 흙먼지가 풀풀 날리는 도로에 소와 낡은 차와 릭샤, 그리고 맨 발의 깡마른 소년들이 얽혀 다니던 그 거리가 그립다.

감사의 날들

 녀석은 현관문이 열리자 신발을 벗고 후다닥 나를 향해 달려오더니 의자에 앉아있는 내 무릎에 입을 대고 '호오~ 호오~.' 했다. 무릎에 보조기를 하고 몸이 자유롭지 못한 나는 녀석을 조심스레 안아준다.

 참 생각지도 못한 일이었다. 며칠째 계속 무릎이 아파 절룩거리며 걷다가 아무래도 진료를 받아야겠다 싶어 정형외과를 찾았다. MRI를 찍어보자는 선생님 말씀에 대수롭지 않게 생각하면서도 약간의 불안감을 떨칠 수 없었다. 결과를 보신 선생님은 '내 생각이 맞았다.'면서 연골이 파열되어 수술을 하는 게 좋겠단다. 내 평생 단 한 번도 수술을 하고 입원을 해 본 적이 없던 터라 믿기지 않았다. 하긴 내 나이를 생각하면 오랫동안 탈 없이 지냈던 것만도 다행이지만. 갑자기 닥친 상황으로 머릿속이 복잡해지면서 내가 해야 할 일들, 약속 잡힌 스케줄들이 눈앞에 펼쳐졌다. 그러나 지금 하지 않으면 관절염이 심해져 결국 인공관절 수술을 해야 한다는 현실을 심각하게 받아들이고 수술을 하기로 했다. 치료 잘하기로 정평이 나있는 든든한 정형외과 선생님을 믿고.

수술실에 들어가 겁에 질릴 새도 없이 입에 바로 마스크 같은 것을 씌우자마자 "눈 뜨세요." 한다. 두 시간을 훌쩍 건너뛰어 내 오른 쪽 다리는 붕대로 칭칭 감겨 반 기브스가 되어 있었다. 놀라운 의술에 감탄이 절로 나왔다. 걸을 수 없어 불편할 뿐, 수술 후 통증도 없어 하루가 지나고 무통주사도 사양했다.

중학교 1학년 때였던가. 꽃이 꼽힌 꽃병을 들고 계단을 올라가다가 넘어지면서 꽃병을 깨뜨렸다. 일어나보니 왼쪽 손가락 약지 첫 마디쯤이 찢어져 속살이 보이고 피가 흘렀다. 그날은 일요일이어서 병원에 갈 수도 없어 손을 싸쥐고 마침 집 근처에 사는 언니네 집으로 갔다. 그 무렵 군의관이셨던 형부가 집에 계셔서 바로 마취 없이 서너 바늘 꿰매주셨다. 이것이 내 인생에서 첫 수술이었던 셈이다. 오십여 년이 지난 지금도 눈으로 봐선 잘 모르고 만져보면 느낌이 조금 다를 뿐이다.

퇴원하여 집으로 오는 길은 딸이 맡았다. 당분간 걷지 못하는 나를 위해 집에 오자마자 내가 불편하지 않게 사용할 수 있도록 내 주변에 이것저것 챙겨주고 가면서 발길이 떨어지지 않는 듯 자꾸 돌아보았다. 인연의 고리는 이리 맺어지는 걸까.

내가 어머니를 보살펴 드렸던 것처럼 딸은 나를 위해 자상한 배려를 해주고 마음을 써준다. 딸에게 고맙고 미안한 나의 마음과 나를 향했던 어머니의 마음이 똑같았으리라. 우리의 삶은 이처럼 돌고 돌아 할머니로, 엄마로, 딸로 서로 사랑하고 이해하게 되나 보다.

  나는 감사한다. 내게 이만큼의 아픔만 주셨고, 시간이 지나면 완쾌되어 걸을 수 있으니까. 매일 아침 숲에서 날아오는 향내를 맡고, 이름을 알 수 없는 새들의 노래를 들으며 하루를 시작할 수 있음에 감사한다. 나가지 못하기에 종일 집에 있으면서 책도 읽고, 글도 쓰고, 좋은 프로 골라 TV도 시청하고, 컴퓨터 앞에 앉아 이메일도 보낼 수 있음에 감사한다. 비 갠 오후, 구름 사이로 쏟아지는 햇살을 보며 내 마음속에 환히 비추는 희망을 볼 수 있음에 감사한다. 내 가까이 참 좋은 형제들과 친구들이 있어 복된 삶을 누릴 수 있음을 감사한다. 보고 싶은 사람들을 그리워하고 옛 추억에 잠겨 웃음 지을 수 있음에 감사한다.

  아련한 옛사랑, 이루어질 수 없었던 사랑이 그리워지는 날, 그래도 지금 생각하면 아름다운 추억으로 마음속에 담겨져 있음을 감사한다. '제가 보고 싶을 땐 언제라도 부르세요. 바로 달려갈게요.' 하는 외손자, 학교에서 '기쁨과 슬픔'을 표현하라는 수업에서 '할머니 말랑 뼈가 찢어져서 슬펐는데, 용돈을 만 원이나 주셔서 기뻤다'는 외손녀가 있음에 감사한다.

아들, 며느리가 네 살짜리 개구쟁이 녀석을 데리고 병문안 와서 나와 시간을 보내고 돌아가려는데, 녀석이 집에 가지 않고 우리 집에서 자고 가겠노라고 내 품에 안기며 고집을 부렸다. 그러나 녀석은 참 단순해서 장난감 자동차 한 대면 끝이다. 금방 내 품에서 벗어나 제 에미 손을 붙잡는다. 정말 자고 간다면 힘들어서 그냥 가기를 원하면서도 기분은 좋았다. 녀석은 나가려다 다시 돌아와 내 무릎에 입을 대고 '호오~' 해주고 손을 흔들며 간다. 녀석의 치료법으로 회복이 빨라지기를 기대하면서 나는 다시 한 번 감사한다. 고물고물 예쁜 짓만 하는 이 녀석이 나의 손자인 것을.

모두 가버린 텅 빈 집안엔 녀석이 놀면서 여기저기 어질러 놓은 흔적들이 남아있다. 그것이 또 정겹다. 하나 둘 마음 항아리 속에 차곡차곡 쌓아두고 가끔 꺼내어 다시 웃음지어 볼까. 지금 이대로 행복한 순간이 영원하길 바라지만, 누구의 힘으로도 오는 걸 막을 수도, 가는 걸 붙잡을 수도 없는 것이 세월이니 마음 가득 감사할 것으로 하루하루를 채워 보자.

AI의 위력

손자: "너 수필 쓸 수 있지?"
챗봇: "응. 쓸 수 있어. 어떤 주제로 수필을 쓰고 싶어?"
손자: "제주도 해녀의 삶에 관한 짧은 수필을 작성해줘."

챗봇: 〈바다를 품은 여인들〉

 제주도의 바다는 유난히 푸르렀다. 하늘빛을 그대로 담은 듯한 수면 위로 잔잔한 파도가 일렁였다. 그 바다를 배경으로 검은 고무 옷을 입은 해녀들이 하나 둘씩 바다로 걸어들어 갔다. 손에는 낡은 테왁*과 채취망을 들고, 허리춤에는 칼을 찬 채였다. (중략)

---
* 테왁: 해녀가 물질을 할 때 가슴에 받쳐 몸이 뜨게 하는 공 모양의 기구.

제주도 해녀들은 그렇게 바다와 함께 숨 쉬며 살아간다. 그리고 나는 오늘도 그들이 만들어낸 숨비소리*를 들으며 바다를 바라본다.

손자와 제주도 여행 중이었다. 이런저런 얘기를 나누는데 챗봇에 대한 얘기가 나왔다. 요즘은 글쓰기도 챗봇에 맡기면 다 해결된다는 것이었다. 놀라움과 신기함으로 손자의 챗봇에게 '제주도 해녀의 삶'을 써보라고 했다.

눈 깜짝할 새에 휴대폰 화면에 A4용지 한 장 분량의 글이 나왔다. 내겐 신세계였다. 화자인 '나'와 해녀인 할머니와의 추억, 그리고 해녀들의 삶을 담담히 그려낸, 나름 손볼 데가 없는 수필이었다. 인간의 감정과 사고의 흐름을 잘 묘사하고 있었고 내게 말을 건네는 듯한 느낌을 주었다. 그것은 기계의 손에서 나온 글이라는 사실을 믿기 어려웠다.

인간만이 가질 수 있다고 믿었던 창작의 영역에 AI가 끼어들었다. 어쩌면 인간이 지배를 당할 수도 있겠다는 생각에 섬뜩해졌다. AI는 인간의 사고와 인간이 경험하는 세상과 감정을 어떻게 이렇게 표현할 수 있을까. 창작을 인간만의 고유한 능력이라고 고집할 수 있을까. 놀랍고 겁이 났다.

날이 갈수록 우리 일상에 스며들고 있는 AI의 위력은 감히

---

* 숨비소리: 해녀들이 물질을 하고 바다 위로 올라와 가쁜 숨을 내쉴 때 내는 소리.

상상할 수가 없다. AI(인공지능)는 인간의 지능이 가지는 학습, 추리, 적응, 논증 따위의 기능을 갖춘 컴퓨터 시스템을 의미하고, 챗봇은 AI기술을 활용한 인공지능 대화형 모델이라고 손자가 설명을 해주었다. 내 머리로는 쉽게 이해하여 차곡차곡 정리하기가 어렵다.

챗봇은 다양한 질문에 답하거나 창의적인 글을 작성하고 문제를 해결하는 등의 작업을 수행한다고 한다. 이제 AI가 창작의 주체가 된다면 우리는 어떤 역할을 할 수 있을까. 어쩌면 AI와 인간의 창작활동이 공존하는 시대가 열리는 것일까. 챗봇에 의뢰하여 글을 써놓고 내가 쓴 글인 양 내보인다면 윤리적 문제를 생각지 않을 수 없다. 해결하여야 할 윤리적 문제는 어디까지가 데드라인일까. 다행인지 챗봇을 이용한 글임을 밝혀내는 앱도 있다 하니 마치 '뛰는 놈 위에 나는 놈'이 있어 섣불리 내 글이라고 고집할 수는 없겠다.

AI는 창작활동 뿐만이 아니라 의료 분야나 사회 각 분야에서 인간의 역할을 대신하여 이로운 점도 있지만, 많은 공장이 무인화 되고 있고 마트의 계산대도 셀프로 대체 되다 보니 취업인구가 줄어들어 삶의 위협을 받는 직업군도 있다.

TV에서 나이가 많아도 결혼을 안 하고 혼자 사는 남자 연예인이 AI에게 이름을 지어주고 심심하면 대화를 나누고 있는 것을 보았다. 기계임을 알면서도 진심으로 마음을 표현하고 그럴싸한 대답을 하는 것이 놀라웠다. 가만히 앉아서 TV 켜기,

청소시키는 것 등 인간에게 편리함을 주면서 AI가 과연 어떤 세계까지 섭렵하게 될지 의문이고 삶의 편의성도 있지만 윤리적 사회적 문제점이 발생하지 않도록 법적인 규제가 필요하다고 말하는 이도 있다.

그래도 AI를 개발하는 것은 인간이고, 감정을 다루는 직업은 AI가 대신할 수 없다고 하니 앞으로 AI를 개발하는 직업은 최고의 직업이 될 것이다. 시간이 갈수록 모든 분야에서 AI에 의존하여 살아가는 우리는 AI가 만들어내는 각종 정보나 내용이 밝고 긍정적인 쪽으로 적용되고 문제해결도 해주기를 바란다. 아울러 AI가 감히 인간을 지배할 수는 없을 것이라고 믿고 싶다.

내가 자라오면서 이런 세계가 오리라는 것은 상상도 하지 못했다. 그 때는 TV, 전기밥솥, 냉장고의 출현만으로도 최고로 편리한 세상이었다. 지금의 나는 상상 이상으로 놀라운 세상의 정점에 서 있는 것 같다. 곧 로봇과 함께 살면서 나의 노력이 필요 없이 모두 로봇이 해결해주는 삶을 살지도 모른다. 과연 미래의 어느 날엔 어떤 세상이 펼쳐질까. 내 아이들, 내 손주들이 살아갈 세상은 어떤 세상일까.

챗봇은 다양한 정보를 제공하고 모든 분야의 의문점을 쉽게 해결해 준다고 하니 나도 이참에 챗봇 앱을 한번 깔아볼까 싶다.

■ 작가연보

1952년 전남 광주 출생
1970년 전남여자고등학교 졸업
1972년 대학생 YWCA 전국 부회장
　　　 대학생 YWCA 호남지역 협의회 회장
1974년 조선대학교 사범대학 국어교육과 졸업
1974~1976년 학다리 중·고등학교 교사
1976~1988년 봉영여중, 영등포여상 교사
1982년 표창장(학교법인 봉덕학원 이사장)
2003년 이화여자대학교 평생교육원 생활수필쓰기반
2006년 《수필과비평》 신인상으로 등단
2006년 수필과비평작가회 회원
2006~2012년 온누리 대표
2010~2012년 원석문학회 회장
2013년 원석문학회 고문
2015년 홍익병원 원보 편집 고문
2017년 한국 문인협회 회원
2017년 수필집 《그리움을 수놓다》 발간
2018~2020년 《현대수필》 이사
2023년 수필집 《생각 위에 서다》 발간
2023년 23회 《수필과비평》 문학상 수상
2025년 《수필과비평》 이사
2025년 수필과비평작가회 부회장

현대수필가 100인선 Ⅱ·63
신정호 수필선

기억의 창가에서

초판인쇄 | 2025년 07월 25일
초판발행 | 2025년 07월 30일

지은이 | 신 정 호
펴낸이 | 서 정 환
펴낸곳 | 수필과비평사 · 좋은수필사

주　소 | 서울시 종로구 삼일대로 32길 36.
　　　　 (익선동 30-6) 운현신화타워 305호
전　화 | 02)3675-5635, 063)275-4000
등　록 | 제300-2013-133호
홈페이지 | http://www.shinapub.com
e-mail | essay321@hanmail.net

값 10,000원

ISBN 979-11-5933-598-3　04810
ISBN 979-11-85796-15-4　(전 100권)

* 저자와 협의하여 인지는 생략합니다.
* 잘못된 책은 바꿔 드립니다.